트럼프 2.0
또 다른 미국

트럼프 2.0 시대 통찰한 단 한 권의 책!

Donald Trump

트럼프 2.0
또 다른 미국

매일경제 글로벌경제부 지음

매일경제신문사

더 강력해진 스트롱맨의 등장

최근 10년간 도널드 J. 트럼프만큼 세계인들에 각인된 이름이 있을까? 부유한 이미지의 "금수저" 사업가로 출발해 리얼리티 TV 프로그램 스타로 등극하고, 정치인으로 변신하며 "초강대국" 미국의 최고 권력자로 세계 정치·경제를 뒤흔들었던 그의 발자취는 그 어떤 인물 스토리보다도 극적이다. 더군다나 암살 위기를 두 번이나 모면하며 당당히 미국의 제47대 대통령으로 선출되기까지의 과정은 드라마보다도 더 드라마틱했다.

그는 이번 대통령 당선으로 또 하나의 보기 드문 기록을 세웠다. 미국 역사에서 대통령 연임에 실패한 뒤 재선에 성공한 두 번째 대통령이 된 것이다. 미국의 22대, 24대 대통령이었던 그로버 클리블랜드가 연임 실패 후 재선에 성공한 것은 1892년이었으니 132년 만의 기록이다.

전통적인 "엘리트 정치"의 틀을 깬 그가 공화당의 대통령 후보로 세 차례 연속 나섰던 비결은 그가 유권자들의 갈증을 정확히 읽었기 때문으로 풀이된다. 미국 제조업의 쇠락, 몰려드는 이민자, 높아지는 불평등, 중국·러시아의 끊임없는 도전 등으로 미국 유권자들은 강한 미국에 대한 목마름을 느껴왔다. 트럼프 당선인은 그들에 있어 "해갈(解渴)"과 같은 언어로 지지를 얻었다. 더 고상하고 어려운 단어를 쓰던 정치 엘리트들과 달리 그는 직관적이고 공격적인 언어로 대중을 사로잡았다.

그는 2016년 대선에서 힐러리 클린턴 전 국무장관에 "깜짝" 승리를 거두면서 세계를 놀라게 했다. 그렇게 시작된 트럼프 1기 행정부는 과거부터 이어져 온 전통적 외교와 경제 정책을 송두리째 바꿨다. 그가 주창한 "미국 우선주의(America First)"는 역사의 흐름을 바꿨다. 중국과의 무역전쟁을 시작하며 본격적인 보호무역주의의 신호탄을 쐈다. 북미자유무역협정(NAFTA) 재협상으로 미국의 국익 앞에는 우방국도 예외가 없음을 보여줬다. 동맹국들에 "무임승차론"을 앞세우며 방위비 증액을 거침없이 요구했고, 북한 김정은 국무위원장과는 역사적인 미·북 정상회담을 진행했다. 그가 공약으로 밀어

붙인 남부 국경 장벽은, 비록 그가 큰소리친 만큼의 성과를 거두지 못했음에도 트럼프 당선인의 상징같은 정책으로 대중에 각인됐다.

때로는 돌발적이고 직설적이면서도 파격적이었던 그의 행보는 수많은 반대자를 양산하기도 했다. 트럼프 행정부에 몸담았던 인물들이 줄이어 그에 대한 반기를 들었던 일도 끊이지 않았다. 코로나19 팬데믹에 대한 대응 과정에서도 논란이 확대됐다. 결국 그는 팬데믹 와중에 진행된 2020년 대선에서 조 바이든 대통령에 패배했다. 하지만 트럼프 당선인이 구축했던 "팬덤"은 단순한 팬덤의 수준을 넘어섰다. 미국 정치사 최악의 사건으로 기록되는 2021년 1월 6일의 국회의사당 난동사태는 일종의 "트럼프 신앙"이 분출된 사례로 꼽힌다. 그는 패배를 인정하지 않았고, 후임 대통령의 취임식에도 참석하지 않았다.

트럼프 당선인이 2024년 대선에 출마하겠다고 선언할 때만 해도 미국 언론의 반응은 싸늘했다. 1.6 선거 불복 사건 등 그에 대한 수사가 시작됐던 시점이었기 때문이다. 모두가 트럼프 당선인의 대권 행보가 수월하지 않을 것이라 예상하던 시점에서 트럼프 당선인은 위기를 극복하는 천부적 기질을 발휘한다. 트럼프가 1기 행정부 당시 보수적인 대법관들을 임명했던 것은 결정적인 "신의 한 수"였다. 선거 불복 사건과 기밀문서 보관 등 트럼프 당선인의 혐의를 기소한

잭 스미스 특별검사는 번번이 연방대법원의 보수적 결정에 좌절을 맛봤다. 연방대법원의 "대통령직 재임 중 공적 행위에 대한 면책 인정" 판결은 트럼프 당선인이 사법 리스크를 떨쳐내고 승승장구하는 데에 결정적인 역할을 담당했다.

트럼프 당선인의 2기 행정부는 1기보다 더 "트럼프적인" 정부가 될 것으로 예상된다. 1기와 2기 행정부 사이 4년간의 공백기는 그에게는 "충성파"를 골라낼 수 있는 시간이기도 했다. 1기 행정부가 엘리트 관료들과의 논쟁과 타협의 과정을 거쳐 운영됐다면, 충성파들로 채워지는 트럼프 2기 행정부는 트럼프의 색깔이 정책에서 고스란히 드러날 것으로 관측된다. 모든 수입품에 대한 보편적 관세 부과, 불법 이민자들의 즉각적인 추방, 동맹에 대한 방위비 부담 확대와 같은 파급력이 큰 이슈 하나하나가 직선적으로 실행에 옮겨질 가능성이 크다.

트럼프 당선인의 선거운동 과정은 결코 쉽지 않았다. 2024년 6월 당시 민주당 대선후보였던 조 바이든에 "KO 펀치"를 날릴 때만 해도 그의 승리는 떼어 놓은 당상처럼 보였다. 공식적인 대선후보 지명이 예정됐던 공화당 전당대회(RNC)를 며칠 앞둔 시점, 펜실베이니아 버틀러에서 총격 피습을 받기도 했다. 구사일생으로 생존한 그에게는 "신의 보호"를 받는 이미지가 덧씌워졌다. 총격 후 단상에서 주먹을 불끈 쥔 채 "싸우자(fight)"를 연신 외치던 그의 모습은 투사의 모습 그 자체였다.

민주당 대선후보가 카멀라 해리스 부통령으로 변경된 이후 그는 한동안 고전을 면치 못했다. 해리스 부통령이 상승세를 보이던 시점에 그의 지지율은 정체를 보였다. 하지만 그의 "콘크리트 지지층"을 바탕으로 반등에 성공하기에 이른다. 해리스 부통령은 반(反)트럼프 연대를 중심으로 버락 오바마·빌 클린턴 등 전직 대통령과 협공에 나섰다. 당대 최고의 정치인들이 힘을 모아 재선을 막기 위해 달려들었음에도 승리는 트럼프 당선인의 몫이었다. 그만큼 "트럼프"라는 브랜드가 지닌 파급력은 엄청났던 것이다.

트럼프 당선인은 언제나 유권자들의 가려운 부분을 긁어주는 정치인이었다. 그는 이민자들에 대한 경계감이 고조되던 시점에 "취임 첫날 불법 이민자 추방 작전을 벌이겠다"고 말했다. 바이든 행정부가 청정에너지로의 전환을 외칠 때 그는 셰일가스 생산을 늘려 에너지값과 물가를 낮추겠다고 공언했다. 그에게는 수십억짜리 빌딩을 사고팔면서 얻었던 "비즈니스 화법"이 있었다. 트럼프 당선인은 사업가의 단어로 유권자들의 귀에 정치적 메시지를 꽂아 넣는 데에 성공했다.

트럼프의 당선은 한국에 어떤 영향을 미칠까? 트럼프 당선인의 측근들이 한국을 안심시키려 노력했다는 전언이 있었던 만큼 심각한 타격을 입지는 않을 것이라는 예상도 있다. 하지만 선거운동 과정에서 순간순간 나왔던 트럼프 당선인의 발언은 긴장감을 늦출 수 없게 만든다. 심지어 그는 방위비 분담을 언급하며 한국을 "머니 머신"이라 칭하기도 했다. 방위비 재협상, 한미 자유무역협정(FTA) 등 한국에 있어 쉽지 않은 현안들이 예고되고 있다. 그가 단골처럼 김정은 북한 국무위원장과의 친분을 과시했던 만큼, 북핵 문제에 대한 접근 역시 한국에는 곤혹스러운 상황을 연출할 수도 있다. 그가 취임 첫날 전기차 의무화를 폐지하겠다고 공언한 것도 한국 기업들에게는 불안감을 안겨주는 내목이다.

다만 지금 한국은 미국에 대한 최대 투자국의 지위를 갖고 있다. 그렇기에 트럼프 1기와 2기 행정부 사이에는 차이점이 분명히 존재한다. 새로운 미국, 그리고 새로운 세계는 어떤 모습일까. "미국을 다시 위대하게(Make America Great Again)"를 외치며 내놓았던 발언들을 바탕으로 실마리를 찾아보자.

2024년 11월

글로벌경제부 부장 장용승

차례

서문 ◦5

PART 1 | **새로운 관세전쟁의 서막**
트럼프는 1기보다 더 파괴적인 전쟁을 원하는가

① **대중 무역정책**
더 강력하게, 중국과 무역·기술 정면충돌 ◦18

시즌 1: 트럼프 1기 행정부의 대중 압박 ◦19
바이든 행정부의 이어달리기 ◦21
시즌 2: 트럼프의 대중 공격무기 ◦24
미국 무역 규제 3종 세트 ◦27
수입금지라는 신무기 ◦31

② **재정정책**
금리인하와 공격적 재정 지출 그리고 트럼플레이션 쇼크 ◦33

트럼프식 고압경제 ◦34
연준 훼손과 트럼플레이션 쇼크 ◦38
달러 너무 비싸다, 달러 가치 변동성 주목 ◦42
부양으로 인한 천문학적 부채 지속 가능할까 ◦47

③ **산업정책**
바이든의 「인플레감축법」과 「반도체법」 얼마나 바뀌나 ∘50

인플레이션 감축법 ∘50
반도체와 과학법 ∘52
IRA 어디로 가나 ∘54
트럼프 정부의 반도체 정책은? ∘56

④ **경제정책과 투자 전망**
월가가 보는 트럼프노믹스 유망 투자 영역 ∘60

석유 등 화석연료 에너지와 원전 재부상 ∘60
방위 산업 다시 뜬다 ∘63
은행 등 금융산업 확대로 가상화폐도 수혜 ∘64
인프라와 부동산 주목 ∘66
채권 금리 오르고, 중소형 주식 기대 ∘67
전기차 추락 ∘68

PART 2 | **트럼프의 선택**
혼란 속 외교, 트럼프의 거래는 더 큰 위험을 부를 것인가

① **대북 전략**
스트롱맨과 거래를 즐기는 트럼프, 김정은과 언제 재회하나 ∘72

또다시 김정은과 담판 지을까 ∘73
트럼프 1기 싱가포르 회담의 추억 ∘77
미국의 실패한 북핵 정책 ∘80

② 동맹 파트너 전략
인도-태평양에서 방위 역량 커지는 한국과 일본 ·87

인도-태평양 개념의 등장과 부상 ·87
미국 우선, 다자축소, 디커플링 ·91
한국의 방위 역량 강화 ·97
일본의 전략 배경과 전개 ·101
한·일 전략 비교와 대중국 인식 ·105

③ 러-우 전쟁과 외교 전략
트럼프는 러-우 전쟁을 어떻게 계산하고 거래할까 ·110

우크라이나는 협상하고 양보하라 ·111
젤렌스키는 위대한 세일즈맨이다 ·115
나토의 희망고문, 트럼프의 지원 ·118

④ 중동 전쟁과 외교 전략
요동치는 중동 정세, 네타냐후와 담판으로 안정 찾을까 ·121

이스라엘과 이슬람, 또다시 전쟁 ·122
네타냐후, 하마스, 헤즈볼라 예고된 충돌 ·125
중동 정세 따라 널뛰는 유가 ·128
수에즈 운하 위협으로 치솟는 물류비 ·130
트럼프식 내가 해결한다, 중동에서도 통하나 ·133

PART 3 | 반쪽짜리 미국
두 쪽으로 갈라진 미국사회 어떻게 고칠까

① **사법개혁 정책**
트럼프의 사법 시스템 보수화 어디까지 갈까 ◦138

트럼프에 대한 형사소송 ◦139
1·6 선거 불복 사건과 대통령 면책 ◦144
트럼프의 법무부 개편 공언들 ◦148

② **이민자 정책**
대선 승리 이끈 불법이민, 대대적 추방 시작되나 ◦152

미국은 강경한 정책을 원했다 ◦152
불법 입국 폭증한 바이든의 실패 덕에 트럼프 승기 ◦156
불법 이민자의 기여를 무시한 트럼프의 정책, 실현 가능성 있나 ◦162

③ **감세 정책**
감세로 낙수효과 노리는 트럼프, 서민 살림살이 나아질까 ◦164

감세와 면세 정책 ◦164
일자리 창출과 주택 지원 ◦165
실현가능성 있는 정책일까 ◦167

PART 4 | # 도널드 트럼프의 파워엘리트
트럼프 행정부 2기를 이끌 새로운 사람들은 누구일까

① 당선자의 길
성공한 기업가에서 세계를 움직이는 스트롱맨으로 ∘172

어린 시절부터 배짱 있고 거친 성격 ∘172
부동산 재벌로 이름 알리며 성공한 사업가로 ∘174
정계 진출과 대통령 당선, MAGA의 서막 ∘176
무역 전쟁을 선언하다 ∘178
두 번의 탄핵과 코로나, 재선 실패를 딛고 ∘180

② 승리를 만든 열쇠
트럼프를 승리로 이끈 대선 결정적 장면들 ∘182

긴박한 총격 상황에도 본능적으로 역사적 이미지 만들어 ∘182
MAGA 모자 쓰고 폴짝, 트럼프 응원단장 된 머스크 ∘188
지지자들 옆에 두고 불법 이민자와 관세 공약 쏟아내 ∘190

③ 트럼프의 파워엘리트
트럼프 정부의 경제·외교·안보 책사들 ∘195

국무장관 ∘197 | 국방장관 ∘198 | 법무장관 ∘199 | 에너지 장관 ∘200
재무장관 ∘200 | 상무장관 ∘202 | 백악관 비서실장 ∘202
막강 권력 갖게 될 머스크 ∘203 | 비벡 라마스와미 역할 ∘205

PART 1

새로운 관세전쟁의 서막

트럼프는 1기보다
더 파괴적인 전쟁을 원하는가

대중 무역정책

더 강력하게,
중국과 무역·기술 정면충돌

트럼프 당선인은 중국과의 경제 경쟁에 대해 늘 두드러진 입장을 보였다. '트럼프 1기' 행정부 시절 트럼프 대통령은 '아메리카 퍼스트'를 강조하며 자국의 경제적 번영을 우선시했다. 중국산 수입품에 대한 가혹한 관세를 부과하는 한편, 시진핑 중국 국가주석과의 친분을 자랑하는 이중적인 면모를 보이기도 했다. 중국에 대한 언행에는 다소 수사적인 면모도 섞여 있었다는 의미다. 그는 1기 행정부 시절 '보호주의적' 접근에 나섰다. 중국을 상대로 한 미국의 경제적 경쟁력을 강화하기 위해서다. 양국 간 무역적자를 줄이는 것이 1차 목표였다. 또한 관세를 활용해 미국산 제품의 중국 내 판매를 늘리기 위한 전략을 십분 활용했다. 다국적 기업들이 중국을 떠나 미국으로 돌아오도록 하거나, 공급망을 중국 밖으로 옮기도록 노력했다.

트럼프 2기 행정부의 대중 압박을 예측하기 위해서는 트럼프 1기 행정부의 정책, 그리고 그 뒤를 이은 바이든 행정부의 정책을 먼저 살펴봐야 한다.

시즌 1: 트럼프 1기 행정부의 대중 압박

트럼프 당선인은 2016년 대통령 선거에 처음 출마했을 당시 "중국이 우리나라를 강간하는 것을 계속 허용할 수 없다"고 경고했다. 그는 중국이 "세계 역사상 가장 큰 도둑질을 하고 있다"면서 미국 제조업이 쇠락하고 노동자들이 일자리를 잃고 있다고 강조했다. 트럼프는 유권자들에게 자신의 협상 능력을 바탕으로 미국 노동자들이 더 공정한 거래 환경에서 일할 수 있게 하겠다고 약속했다. 그래서 그는 중국에 대한 압박을 무역에 집중했다.

트럼프는 중국이 미국산 제품 구매를 크게 늘리고, 중국의 국가 주도 경제 모델을 변화시키도록 강요하는 전략을 꾀했다. 그는 이 같은 방식이 미국의 무역적자를 해소하고, 미국의 제조업에 활력을 불어넣어 미국에 풍부한 일자리를 창출하는 데에 효과적일 것이라고 믿었다.

트럼프는 백악관에 입성하자마자 중국에게 무역 측면에서의 양보를 강요하기 위해 중국을 환율조작국으로 지정했다. 또 지적재산권과 기술이전 문제로 중국 정부를 압박했다. 이와 함께 중국 정부의 자국 기업에 대한 보조금 지급을 중단하고 노동·환경 기준을 개선하도록 압력을 가했다. 미국 내에서는 법인세율을 낮춰 미국 제조업 부문에 대한 투지 유치에 나섰다.

중국이 트럼프의 의도만큼 움직이지 않자, 트럼프는 5,500억 달러 상당의 중국산 제품에 관세를 부과한다는 계획을 발표했다. 이에 중국은 1,850억 달러 상당의 미국산 제품에 관세를 부과하는 보복 조치로 맞섰다. 라이언 하스(Ryan Hass) 브루킹스 연구소 연구원은 "트럼프가 재임했던 4년간 트럼프는 중국과의 경제 경쟁과 관련해 무역 적자, 화웨이, 틱톡, 그리고 그가 소셜미디어(SNS) 계정에서 자주 소개하는 다양한 이슈들로 분노했다"며 "미·중 무역 협상은 우여곡절 끝에 진행됐고, 이는 부분적으로나마 트럼프의 협상 방향을 반영했던 것이 사실"이라고 설명했다.

트럼프의 대중 무역 전쟁으로 미국은 중국에 대한 무역적자를 줄일 수 있었다. 2018년 4,190억 달러였던 미국의 대중 무역적자는 2020년 3,110억 달러로 감소했다. 하지만 전체 무역적자를 줄이는 데에는 실패했다. 미국의 상품·서비스 수지 적자는 2016년 4,810억 달러에서 2020년에는 6,790억 달러로 급승했다.

트럼프의 대중 관세가 중국으로부터의 직접적인 수입을 줄이는 데에 성공했지만, 한국과 베트남, 멕시코, 태국, 말레이시아 등 글로벌 공급망에서 중국과 연계되는 국가로부터의 수입은 크게 증가했다. 결과적으로 중국에 대한 관세 부과가 무역의 흐름을 바꿨지만, 미국 내 생산품으로 수입품을 대체하는 효과까지는 얻어내지 못한 것이다.

트럼프의 중국과의 1단계 무역 합의도 기대만큼 성과를 거두지는 못했다. 이 합의는 중국이 2년간 미국산 상품·서비스 구매를

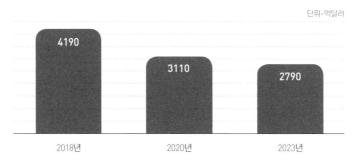

미국의 대중 무역적자 규모

단위=억달러

- 2018년: 4190
- 2020년: 3110
- 2023년: 2790

*자료=브루킹스 연구소

2017년보다 2,000억 달러 늘리겠다는 약속이 전제였다. 하지만 중국은 이 같은 구매를 실현하지 못했다. 중국 정부의 보조금, 자국 기업 우대 정책 등 중국 경제의 구조적인 문제에 대해서도 진전을 이루지 못했다.

그럼에도 트럼프의 대중 무역정책에 대한 지지도는 상당하다. 트럼프 당선인의 지지자들은 트럼프가 미국과 중국 간의 경제 관계에 균열을 이끌어냈다고 인식한다. 결과적으로 이 같은 정책이 트럼프의 정치적인 입지에 도움이 됐다. '자유무역 수호'라는 전통적인 공화당의 기조를 깨고 미국 노동자들에 접근하는 트럼프의 방식은 공화당의 지지층을 넓히는 효과를 내는 데 성공했다.

바이든 행정부의 이어달리기

조 바이든 미국 대통령은 2020년 대통령 선거를 앞두고 트럼프의 대중 무역정책에 대한 강도 높은 비판에 나섰다. 그는 트럼프의 관세가 미국의 농부, 제조업체, 소비자에 피해를 입혔다고 공격했다. 바이든은 중국의 부상을 억제하기 위해 미국이 강경하게 대응해야 한다는 점에는 동의했지만, 트럼프의 접근 방식은 잘못됐다고 주장했다.

바이든은 트럼프가 지나치게 무역적자 규모에 집착했고, 미국 내 산업 경쟁력을 강화하는 데에 소홀했다고 꼬집었다. 미국만을 최우선으로 하는 일방적인, 또 지나치게 보호주의적인 정책에는 한계가 있다는 지적이었다. 바이든은 동맹국과 파트너 국가들의 지지를 바탕으로 중국의 우려 사항에 공동 대응하고, 미국 내 산업 경쟁력을 위한 투자에 나서는 것이 더 효과적이라 주장했다.

이 같은 명분을 확보하기 위해 바이든 행정부는 중국을 겨냥해 파트너들과의 연결고리를 만드는 것에 많은 에너지를 쏟았다. 주요 7개국(G7)에 파트너 국가들을 참여시켰고, 오커스(AUKUS, 미국·호주·영국 안보동맹), 쿼드(Quad, 미국·호주·인도·일본 협의제), 미국·유럽연합(EU) 무역기술위원회, 한·미·일 3국 협력 등 다양한 그룹을 구성해 중국을 견제했다.

이 같은 '그룹화'는 주요 동맹국들이 중국에 대한 '기술·수출 통제'에 참여하도록 이끌어내는 단초가 됐다. 첨단 기술과 제품을 중국에 수출 통제하는 조치는 미국이 먼저 시작했지만, 다른 동맹국으로 확장됐다. 미국은 반도체 장비 기술을 확보한 다른 동맹국인 일본, 네덜란드와 함께 중국에 대한 수출 통제에 나섰다.

이는 중국이 첨단 반도체를 생산할 수 있는 능력을 제한할 수 있도록 핵심적인 기술이 중국에 유입되는 것을 막기 위한 조치였다. 중국은 이 같은 난관을 극복하겠다고 선언했지만, 적지 않은 비용과 시간이 소요되고 있는 것이 사실이다.

바이든 행정부는 중국과의 '경제 경쟁' 구도를 새롭게 구축했다. 바이든은 무역적자 축소가 아닌, 미국이 산업 경쟁력을 다시 확보하는 것을 성공의 척도로 삼았다. 그래서 미국이 중국과의 경쟁을 위해서는 미국의 혁신을 이끌어내는 투자가 필요하다고 판단했다. 이에 따라 「인플레이션 감축법(IRA, Inflation Reduction Act)」, 「반도체와 과학법(CHIPS Act)」 등을 바탕으로 청정에너지 기술과 인프라스트럭처(기반시설), 반도체, 첨단 제조업에 막대한 투자가 이어졌다.

바이든 행정부는 공급망 재편에도 속도를 냈다. 중요한 생산물을 중국에 의존하지 않기 위해 국내 생산능력을 높이고, 공급망을 다변화하는 데에 주안점을 뒀다. 중국이 미국과 동맹국의 안보를 위협하기 위해 미국의 기술을 사용하는 것을 통제하는 작업도 시작했다.

그럼에도 바이든 행정부는 중국과의 연결고리를 무조건적으로 차단하지는 않았다. 미국 정부는 국가안보, 건전한 경제 관계 추구, 긴급한 글로벌 현안에 대한 논의 등 측면에서는 중국과의 협력관계가 필요하다는 점을 인정했다.

바이든 행정부는 관세 정책의 실효성에 의문을 제기하면서도 전임 트럼프 행정부가 만들어 놓은 중국에 대한 관세를 제거하거나 낮추지 않았다. 이는 바이든의 정치적인 본능이 반영된 것일 수 있다. 관세를 유지하는 것이 정책적인 효과를 입증하기 어려웠던 것이 사실이지만, 관세를 철폐했을 때는 정치적 부담에 직면할 것이 분명했기 때문이다.

요약하자면 바이든의 접근 방식은 국가안보에 사용되는 첨단 기술의 대중국 수출을 제한하고, 트럼프의 관세를 유지하면서 중국에 대한 동맹, 파트너들과의 공조를 강화하는 것이었다. 이와 함께 미국 내 투자를 활성화해 미래 첨단 산업 분야에서 경쟁력을 확보해나가는 것이다.

《파이낸셜타임스(FT)》에 따르면 바이든 행정부 3년 차인 2023년 중국에 대한 외국인 직접투자(FDI)는 전년 대비 82% 감소했지만, 미국은 세계에서 가장 많은 FDI를 유치한 국가가 됐다. 국외 자본의 유입은 특히 첨단 제조업 분야에서 두드러졌다. 해외 기업들이 CHIPS Act와 IRA 등 법을 근거로 지급되는 미국 정부의 보조금을 바탕으로 앞다퉈 미국에 투자를 선언한 덕분이다. 2023년 기준 미국의 내중 무역직자는 2,790억 달러 수준으로 트럼프 행정부 마지막 해의 3,110억 달러보다 감소했다.

시즌 2: 트럼프의 대중 공격무기

트럼프 당선인은 세계 최대의 소비국인 미국에 있어 '관세'는 상대국을 압박할 수 있는 강력한 무기라는 점을 분명히 인식하고 있다.

트럼프 당선인은 대선후보 시절 모든 수입품에 대한 보편적 관세 최대 20%, 중국산 수입품에 대한 60% 관세, 멕시코 생산 중국 자동차에 100~200% 관세 등을 부과하겠다는 공약을 내놓았다.

특히 선거를 3주가량 앞둔 2024년 10월 중순 시카고 경제클럽에서 진행한 블룸버그와의 인터뷰에서는 멕시코 공장에서 생산되는 중국산 자동차에 대해 관세율 2,000%를 언급하기도 했다.

당시 트럼프 당선인은 "관세는 사전에서 가장 아름다운 단어"라고 말하기도 했다. 그는 "(멕시코에서 생산된) 자동차가 단 한 대도 미국에서 팔리지 않을 것"이라며 "내가 이 나라를 운영한다면 100%, 200%, 2,000% 관세를 부과하겠다. 역사상 가장 높은 관세를 부과하겠다"고 공언했다.

트럼프 당선인에게는 관세 외에도 바이든 행정부가 도입한 막강한 무기가 있다. 바로 기술·수출 통제 조치를 활용하는 방안이다.

바이든 행정부가 시작한 중국에 대한 '기술·수출 통제' 조치는 차세대 반도체와 양자 컴퓨팅 등 첨단 산업이 중심이었다. 미국 정부는 중국의 군사력을 강화하는 데 사용될 수 있는 중국의 최첨단 반도체 제조 능력을 지연하기 위해 동맹국과 기술산업계를 설득해왔다.

바이든 행정부가 2024년 9월 내놓은 수출 통제 조치는 미국 상무부 산업안보국(BIS)의 주도로 이뤄졌다. BIS가 내놓은 임시 최종규칙(IFR)에는 양자 컴퓨팅, 첨단 반도체 제조 등 핵심 신흥기술을 수출 통제 대상으로 지정하는 내용이 담겼다.

양자 컴퓨팅은 양자 컴퓨터와 관련 장비, 부품, 재료, 소프트웨어, 양자 컴퓨터 개발·유지 관리에 사용될 수 있는 기술을 포괄한다. 또 첨단 반도체 장치 생산에 필수적인 도구와 기계, 슈퍼컴퓨터에 사용될 수 있는 고성능 컴퓨터 반도체를 생산하거나 개발할 수 있는 기술인 게이트올어라운드(GAA) 기술, 금속 부품을 생산할 수 있는 3D 프린팅 기술도 통제했다.

이 조치는 중국을 비롯해 러시아, 이란 등 적성국을 겨냥한 것이다. 미국은 이번 수출 통제를 도입하는 과정에서 유사한 입장에 있는 동맹국과의 협력을 강화했다고 밝히기도 했다.

BIS는 몇몇 국가가 이런 기술에 대해 이미 유사한 수출 통제를 도입했다면서 이들 국가에 통제 품목을 수출할 때는 미국 정부 허가를 받지 않아도 되는 '수출 통제 시행국'(IEC) 허가 면제를 신설했다. BIS는 24개 통제 품목별로 수출 허가가 필요 없는 국가 명단을 공개했는데 한국은 포함되지 않았다. 다만 BIS가 수출 통제 품목과 관련해 A:1, A:5, A:6에 속한 국가에 대해서는 '승인 추정 원칙'을 적용하기로 해 한국 기업들의 활동에는 큰 차질이 없을 전망이다. 한국은 A:1, A:5 그룹에 속해 있다.

바이든 행정부가 이 같은 조치에 나섰던 것은 수출 통제에도 불구하고 중국의 반도체 산업이 지속해서 발전하고 있기 때문이다.

미국은 이미 2022년 미국산 첨단 반도체 제조 장비의 중국 수출을 제한하기로 했고, 네덜란드와 일본 등도 제한 조치에 공조하기로 했던 바 있다. 하지만 2023년 중국 기업 화웨이가 첨단 반도체가 탑재된 휴대폰을 출시해 세계를 놀라게 하기도 했다.

트럼프 '2기' 행정부는 이보다 더 엄격한 규칙을 내놓을 수 있다.

미국의 부품과 기술로 만든 장비를 특정 국가로 수출하지 못하도록 더 촘촘한 규제에 나설 것이라는 관측이 나온다.

미국 무역 규제 3종 세트

신임 트럼프 행정부는 '1기' 행정부 시절부터 중국을 겨냥해 활용했던 무역 규제 조치들을 또다시 꺼내 들 가능성이 높다.

미국 정부가 활용할 수 있는 무역 규제 '3종 세트'는 「무역법(Trade Act of 1974)」 301조와 201조, 「무역확장법(Trade Expansion Act of 1962)」 232조 등 세 가지로 꼽힌다. 「무역법」 301조는 미국 무역대표부(USTR)가 교역 상대국의 불공정·차별적 행위로 자국 산업이 피해를 입었다고 판단되면 대통령의 권한으로 수입을 제한할 수 있다는 규제다.

중국 상품에 적용되는 美 주요 규제

무역법 301조 전기차·배터리·태양광, 의류와 직물 추가
미국 무역대표부(USTR)가 교역상대국의 불공정·차별적 행위로 자국 산업이 피해를 입었다고 판단되면 대통령 권한으로 수입을 제한할 수 있다는 규제

무역법 201조 태양광 모듈과 셀, 대형 세탁기 등
미국 국제무역위원회(ITC)가 수입 급증으로 미국 산업에 심각한 피해가 발생하거나 발생할 우려가 있다고 판단할 경우 대통령이 임시 관세·기타 무역조치를 부과할 수 있도록 하는 조항

무역확장법 232조 철강과 알루미늄
미국 상무부가 특정 제품의 수입으로 국가안보를 저해할 수 있는 상황이라 판단하면 해당 제품의 수입을 조정하기 위해 대통령이 조치를 취할 수 있다고 명시

「무역법」201조는 미국 국제무역위원회(ITC)가 특정 제품의 수입 급증으로 미국 내 산업에 심각한 피해가 발생하거나 발생할 우려가 있다고 판단할 경우 대통령이 임시로 관세를 부과하거나 기타 무역 조치에 나설 수 있도록 허용하는 조항이다.

「무역확장법」232조는 미국 상무부가 특정 제품의 수입이 과도해 국가안보를 저해할 수 있는 상황이라 판단하면 해당 제품의 수입을 조정하기 위해 대통령이 조치를 취할 수 있다고 명시하고 있다.

치열했던 대선 정국 속에서도 바이든 행정부는 중국을 겨냥해 이같은 무역 규제 '3종 세트'를 적극적으로 활용해 왔다.

2024년 5월 바이든 행정부는 「무역법」301조에 따라 중국산 전기차에 대한 관세를 현재 25%에서 100%로 대폭 인상한다고 밝혔다. 또 철강·알루미늄 및 전기차용 리튬이온 배터리의 관세도 25%로, 반도체와 태양 전지의 관세는 50%로 각각 큰 폭으로 상향하기로 했다. 바이든 정부는 당시 "과잉 생산 리스크로 이어지는 광범위한 보조금과 비(非)시장적 관행 속에서 중국의 전기차 수출은 2022년부터 2023년까지 70% 증가해 다른 곳에서의 생산적 투자를 위협하고 있다"면서 "(중국산 자동차에 대한) 100%의 관세율은 중국의 불공정 무역 관행으로부터 미국 제조업체를 보호할 것"이라고 밝혔다.

바이든 정부는 또 리튬이온 전기차 배터리(7.5%→25%), 리튬이온 비(非) 전기차 배터리(7.5%→25%), 배터리 부품(7.5% → 25%) 등 관세 인상 계획을 밝혔다. 또 핵심 광물 가운데 천연 흑연 및 영구 자석의 관세는 현재 0%에서 2026년 25%로 올라간다. 트럼프 '2기' 행정부의 정책도 이 연장선을 이어갈 개연성이 크다.

멕시코에서 생산되는 중국 기업의 제품에 격렬한 반응을 보이는 것은 트럼프 당선인이나 바이든 행정부나 마찬가지였다.

2024년 7월 바이든 행정부는 포고문을 통해 멕시코에서 미국으로 수출하는 철강 소재와 제품이 멕시코나 캐나다, 미국에서 제강되지 않았을 때는 「무역확장법」 232조에 따라 관세를 부과한다고 밝혔다. 「무역확장법」 232조는 트럼프 행정부 당시에도 한국, 중국, 일본 등 철강 생산국에 압박카드로 사용됐다.

바이든 행정부의 조치는 이 조항의 원산지 규정을 강화한 것이다. 중국 등에서 생산된 철강 제품이 멕시코를 경유한 뒤 무관세로 미국에 수출되는 사례를 차단하기 위해 제강 원산지가 멕시코가 아닌 경우 철강은 25%, 알루미늄은 10%의 관세를 부과받게 된다. 중국 기업을 겨냥한 조치이지만, 한국 기업들도 영향권에 있는 것이 사실이다.

한국·일본·중국의 기업들은 자국에서 생산한 철강을 미국으로 수출하려면 한계가 있다. 「무역확장법」 232조는 미국에 수입되는 철강에 25%, 알루미늄에 10%의 관세를 부과하도록 규정했다. 한국은 수출 가능한 물량이 할당돼있다. 다만 미국과 자유무역협정(FTA)을 체결한 캐나다와 멕시코는 관세 부과 대상국에서 제외돼 무관세가 적용된다.

이에 중국 등 국가의 철강기업들은 멕시코를 대미(對美) 철강 수출의 '우회로'로 활용해 왔다. 자국에서 제강한 철강 제품을 멕시코

로 보낸 뒤 멕시코에서 약간의 가공을 거쳐 미국에 수출하면 원산지
가 멕시코가 되면서 미국에 무관세 수출이 가능했다.

바이든 정부는 이 같은 허점을 보완해 멕시코에서 미국으로 철강
과 알루미늄, 파생제품을 들여오는 수입업자는 미국 세관에 제강 원
산지 정보 제출을 의무화했다. 멕시코에서 쇳물을 부어 철강을 만드
는 '제강 과정'을 거치지 않았다면 미국 수입 시 관세 25%가 부과된
다는 의미다. 또 제련·주조 과정을 멕시코에서 거치지 않은 알루미
늄 제품에는 관세 10%가 붙는다.

미국 정부는 중국산 제품의 저가 공세에 대응하기 위해「무역법」
301조와「무역법」201조,「무역확장법」232조에 따라 관세를 적용받
는 수입품의 면세 규정을 강화했다. 개인에 대한 수입품 면세 한도
덕분에 테무·쉬인 등 중국 온라인쇼핑 플랫폼에서의 수입이 기하급
수적으로 늘어난 가운데 800달러인 개인 면세 한도에 제약을 가하고
나선 것이나.

「무역법」201조에 따른 수입제한 품목은 태양광 모듈과 셀, 대형
세탁기 등이고,「무역확장법」232조는 철강과 알루미늄에 관세를 부
과하는 근거가 된다. 두 조항의 대상 품목 중 개인이 수입할 만한 제
품이 많지 않다는 점을 감안하면, 중국을 겨냥한 이번 조치의 핵심
은「무역법」301조다. 이 조항은 미국 무역대표부(USTR)가 교역 상
대국의 불공정·차별적 행위로 자국 산업이 피해를 입었다고 판단되
면 대통령 권한으로 수입을 제한할 수 있도록 하는 내용을 담고 있
다.

특히 「무역법」 301조의 적용으로 추가 관세가 부과되는 중국산 수입품목 가운데 완제품 직물·의류가 포함돼 있다. 테무·쉬인 등 중국 온라인쇼핑 플랫폼에서 면세 한도를 이용해 수입되는 주요 품목이다.

미국은 개인이 하루에 수입하는 제품 가치가 일정 금액을 넘지 않으면 관세를 부과하지 않는 '면세 한도(de minimis exemption)' 규정을 두고 있는데, 미국은 2016년 이 한도를 200달러에서 800달러로 상향했던 바 있다.

수입금지라는 신무기

새로운 트럼프 행정부는 역시 바이든 행정부가 새롭게 선보인 '수입금지' 조치도 활용할 수 있다. 바이든 행정부는 관세장벽도 수출 통제도 아닌, 특정 기술의 수입제한 조치도 단행했던 바 있다. 미국 정부가 2024년 9월 발표한 중국과 러시아산 '커넥티드 카'에 대한 수입·판매 금지조치가 대표적이다.

미국 상무부는 차량연결시스템(VCS, Vehicle Connectivity System)이나 자율주행시스템(ADS, Automated Driving System)에 중국, 러시아와 연계된 특정 하드웨어나 소프트웨어를 탑재한 차량의 수입과 판매를 금지한다고 밝혔다. VCS는 차량이 블루투스, 셀룰러, 위성, 와이파이 등을 통해 외부와 정보를 주고받는 시스템이고, ADS는 운전자 없이도 차량이 스스로 작동하게 하는 시스템을 말한다.

이 같은 규제에 나선 것은 중국과 러시아 등 미국에 적대적인 국가의 기술을 탑재한 커넥티드 차량의 미국 판매가 늘어나 안보에 위협이 될 수 있는 상황을 미연에 방지하기 위한 조치다. 커넥티드 차량은 무선 네트워크로 주변과 정보를 주고받으며 내비게이션, 자율주행, 운전자 보조 시스템 등의 기능을 제공하는 '스마트 카'를 말한다. 최근 출시되는 차량 대부분은 이 같은 기능이 거의 탑재돼 있다. 상무부는 "극단적인 상황에서는 적국이 미국에서 운행 중인 모든 자국산 차량을 동시에 시동을 끄거나 통제해 사고를 일으키고 도로를 막을 수 있다"고 말했다.

규정안은 중국이나 러시아와 연계가 있는 제조사가 VCS나 ADS용 하드웨어나 소프트웨어를 사용하는 커넥티드 차량을 미국 내에서 판매하는 것을 금지했다. 금지 조항은 미국 내에서 생산했더라도 적용된다.

굳이 관세를 활용하지 않더라도 국가안보를 명분으로 특정 제품에 대한 수입을 금지하는 선례가 있었던 만큼, 트럼프 당선인이 이 같은 새로운 무기를 적극적으로 활용할 가능성도 적지 않다.

재정정책

금리인하와 공격적 재정 지출
그리고 트럼플레이션 쇼크

"트럼프 당선자의 승리로 가장 주목되는 미국 경제의 변화는 연준의 더 과감한 금리 인하와 정부의 재정 지출 확대다."

2024년 미국 대선에서 트럼프의 승리는 바이드노믹스의 폐기와 함께 트럼프노믹스 2.0의 새로운 출발을 알린다는 점에서 세계 경제에 격변을 예고하고 있다. 지난 집권 1기의 특성을 볼 때, 그는 임기 초반부터 내수 및 제조업 부흥을 위해 공격적인 재정 투자를 할 것으로 예상된다.

이에 맞물려 인플레이션 위기를 벗어난 미국 경제의 순항을 위해 중앙은행인 연방준비제도(Fed, 연준)의 금리 인하 속도와 보폭이 더해지면서 임기 초반 강력한 경기 진작 효과가 나타날 것이라는 관측이 우세하다.

반면 임기 초반부터 무리한 고관세 정책과 경기 부양이 결합할 경우 급격한 물가 인상을 유발할 것이라는 염려도 나온다. 대선 직전 연준이 인플레이션 승리 선언과 함께 고용시장 방어로 통화 정책을 완화하였는데, 그 뒤 다시 물가가 불안정해진다면 미국 경제뿐 아니라 글로벌 경제에서 금리 인하 속도조절론 등 상당한 혼란이 야기될 수 있다.

트럼프노믹스 2.0 추진 과정에서 심화된 미국 부채 문제도 글로벌 경제의 변동성을 촉발하는 위험 요인이다. 세수 보완 대책이 빠진 트럼프 표 선심성 공약이 막대한 정부 부채를 유발할 수 있으며, 미국의 추가적인 신용등급 하락이 현실화할 경우 세계 금융시장에 연쇄 발작을 일으킬 수 있다.

트럼프식 고압경제

앞선 대선에서 승리한 조 바이든 대통령은 집권 초기부터 재닛 옐런(Janet Yellen) 재무상관을 앞세워 '고압경제(high-pressure economy)' 방식의 경제 운용을 채택했다.

팬데믹발 경기 침체 국면을 벗어나기 위해 막대한 재정 집행과 완화적 통화 정책을 통해 과열 양상을 보일 정도로 경기를 띄운 것이다.

트럼프 당선자의 접근법도 이와 크게 다르지 않다. 대선 직전 연준은 인플레이션을 잡기 위한 긴축적 통화 정책을 해제하였다. 또한 고용시장 냉각을 막기 위한 경기 방어용 확장으로 통화 정책을 전환한 상황이다. 이에 따라 재정과 통화 정책이 시너지를 내는 방향으로 임기 초부터 공격적인 재정 지출 행보를 보일 것으로 예상된다.

이와 관련해 트럼프 당선자의 경쟁자였던 해리스 부통령은 선거 과정에서 지난 2년간 미국 가계를 짓눌렀던 살인적 인플레이션 때문에 중도 표를 확보하는 데 애를 먹었다.

특히, 미국인들이 체감하는 집값 상승의 고통이 상당했는데 유권자들은 이를 바이드노믹스의 대표적인 실정 사례로 인식했다.

팬데믹이 만든 급격한 인플레이션을 잡고자 바이든 행정부에서 연준이 급격한 금리 인상을 결행하다 보니 높은 대출 금리 때문에 구매 수요가 얼어붙었다.

같은 이유로 기존 주택 소유자들도 모기지론 금리 부담으로 인해 새집으로 이사가기를 주저하면서 매물 절벽까지 발생하며 시장 침체를 가속화하는 악순환을 일으켰다. 급기야 해리스 부통령은 생애 첫 주택 구매자에 대해 수천만 원의 세금 지원 혜택까지 언급하며 진화에 나서기도 했다.

트럼프 당선자는 행정부와 철저한 독립 행보를 보이는 연준을 상대로 다양한 형태의 금리 인하 압박을 부추겨 임기 초부터 금리 인하에 따른 서민 경제의 체감 수준을 높이는 데 주력할 가능성이 커 보인다.

기업 부문의 공격적 투자 움직임도 임기 초반 트럼프노믹스 2.0의 공격적 경기 진작에 힘을 보탤 요소다.

그간 미국 기업들은 대선이라는 정치적 불확실성 속에서 내년 투자 폭과 속도를 결정하지 않고 관망해 왔다. 이는 역사적으로 반복되는 패턴으로, 대선 직후 기업 투자 활동이 가속화했다는 게 뱅크오브아메리카 등 투자은행들의 공통된 분석이다.

또한, 연준의 완화적 통화 정책 전환이 시작되면서 기업들이 기대하는 저금리 환경이 구축되고 있다는 점에서 인공지능(AI) 등 첨단 산업을 중심으로 미국 기업들의 공격적 투자 활동이 예상된다.

여기에서 하나 흥미로운 점은 유권자들이 실제 데이터보다 경제에 더 큰 걱정과 불만을 갖는 성향을 보인다는 점이다. 이번 대선에서 바이드노믹스 실정을 집중 공격한 트럼프 당선자의 전략이 적확하게 맞아떨어진 것이다.

이른바 '경제심판론'이 대선의 주요 어젠다로 부상하면 집권당과 소속 후보의 패배 가능성이 급격히 높아진다. 대선 직전 각종 경제지표를 보면 미국 경제는 살인적 물가를 안정화하는 데 성공하면서 고용시장에서 큰 희생을 치르지 않았다. 그럼에도 왜 유권자들은 왜 실물경제에 대해 위정자들이 기대하는 것과 달리 너 큰 부정적 인식을 갖게 되었던 것일까.

경제학자들은 이에 대해 "소비자에게 중요한 것은 가격 수준이지 인플레이션 수치가 아니"라고 지적한다. 레이 페어(Ray C. Fair) 예일대 교수는 지난 수십 년간 경제가 미국 대선에 어떤 영향을 끼치는지 연구한 인물로, 이번 대선 판세의 요체로 소비자물가지수(CPI)의 중요성을 강조해왔다. 그는 국내총생산(GDP)과 CPI 등 하드 데이터를 사용해 투표 결과를 예측해왔는데 지난 7월 말 해리스 부통령으로 민주당 대선 후보가 교체되기 전까지 예측 업데이트에서 당선

가능성을 50대 50, 동률로 봤다.

바이든 정부에서 물가와 고용 등 경제 성장이 나름 견조함에도 불구하고 레이 페어 교수는 자신의 예측 모델이 '박빙'으로 나타나는 이유에 대해 유권자들이 물가에 대한 '기억'의 중요성을 설명한다.

유권자들이 대체로 물가상승을 오래 기억하는 성향을 가지고 있어 최근의 개선된 물가 수치보다 바이든 정부 기간에 상승했던 더 나쁜 수치를 강하게 기억하게 돼 미국 경제가 안 좋다고 인식한다는 것이다.

글로벌 자산운용사 프랭클린 템플턴이 운용하는 경제연구소는 더 적극적으로 행동경제학을 끌어들여 경제심판론이 어떤 식으로 작동할지 예상한다. 이곳 스티븐 도비 소장은 바이든 정부 집권 후반기에 견조했던 미국 경제 상황을 평가하면서 유권자들이 데이터보다 나쁘게 미국 경제 상황을 인식하는 현상에 대해 '손실 회피(얻은 것의 가치보다 잃은 것의 가치를 더 크게 인식하는 것)' 성향이 작동하고 있다고 평가한다.

데이터로 나타나는 미국 실업률은 여전히 안정적인 일자리 수준을 확인시키고 있지만, 유권자들은 일자리보다 물가를 자신의 불행을 따지는 더 중요한 척도로 여긴다고 그는 설명한다. 특히 유권자들이 가격의 '변화'보다는 가격의 '수준'에 더 관심을 두게 돼 현실 지표와 괴리를 키운다고 소개한다.

일례로 식료품이나 휘발유처럼 소비자 구매가 빈번한 상품들은 현재 물가가 2년 전 최악의 상승점 대비 현저히 빠르게 내려왔다.

그러나 소비자 인식에서 재빠른 인플레 하강 속도는 중요치 않다. 이보다는 해당 물품을 구매하는 현시점에서 '어, 아직도 가격이 2년 전보다 많이 비싸네'라는 이른바 '현타'가 오게 되고, 이는 미국 경제에 대한 심리적 체감도를 악화시키는 요소로 작동한다는 것이다.

한국에서 지난 총선의 향배를 가른 것으로 평가받는 '대파 가격' 논쟁부터, 트럼프가 미국민이 사랑하는 식료품인 베이컨 가격이 4~5배 뛰었다며 인상 폭을 과장했던 것도 바로 이런 손실 회피 성향과 무관치 않다.

연준 훼손과 트럼플레이션 쇼크

트럼프 당선자가 임기 초부터 공격적인 경기 부양에 나설 경우 경제학자들이 가장 걱정하는 시나리오는 '고관세＋유동성 과잉'이 몰고 올 급격한 인플레이션, 즉 '드럼플레이션 쇼크' 가능성이다.

세계 경제위기 예측자로 유명한 누리엘 루비니(Nouriel Roubini) 교수는 선거일을 직전에 두고 트럼프 전 대통령이 백악관에 다시 복귀할 경우 미국 경제에 스태그플레이션 쇼크 위험이 커진다고 경고한 바 있다.

그는 지난 10월 코네티컷주에서 열린 그리니치 경제포럼에서 "트럼프의 무역, 통화, 재정, 이민, 외교정책의 조합은 카멀라 해리스가 당선될 때보다 훨씬 더 높은 스태그플레이션 위험을 초래할 수 있다"고 지적해 주목을 받았다.

누리엘 루비니 뉴욕대 경영대학원 교수

고강도 관세 인상과 달러화 평가절하, 불법 이민에 대한 강경한 입장 등 트럼프 표 정책이 미국 경제를 둔화시키는 동시에 인플레이션 상승을 부추길 것이라는 경고였다.

여기에 중동발 긴장이 덮치게 되면 스태그플레이션의 잠재적인 촉매제가 될 수 있다는 설명이다. 중동 지정학이 악화하면서 국제유가가 급등할 가능성, 그리고 이민자 대규모 추방에 따른 인력 부족 등 부작용이 복합 작용해 미국 경제에 커다란 변동성을 초래할 수 있다는 평가다.

이에 앞서 노벨경제학상을 받은 미국 경제학자 16명이 트럼프 당선자의 경제 실정 가능성을 미리 경고하기도 했다. 조셉 스티글리츠

(Joseph E. Stiglitz) 컬럼비아대 교수, 로버트 쉴러(Robert J. Shiller) 예일대 교수, 조지 애커로프(George Akerlof) 조지타운대 교수 등 16명의 학자는 "많은 미국인이 인플레이션에 대해 우려하고 있다"며 "트럼프가 재정적으로 무책임한 예산으로 이러한 인플레이션을 재점화할 것이라는 우려는 당연한 것이다. 이는 에버코어, 알리안츠, 옥스퍼드 이코노믹스 등 (금융계) 초당파적 연구자들도 주장하는 내용"이라고 평가했다.

트럼프 재집권 시 소득세를 대폭 인하하는 대신 중국산을 비롯한 수입품에 대한 관세를 올려 부족한 세수를 충당하겠다는 구상을 내놨는데 이것이 물가를 다시 자극할 수 있다는 것이다.

미 연준을 향한 그의 집권 초반 행보도 주목된다. 자칫 연준을 상대로 과도한 금리 인하 요구 등 외압을 행사할 경우 통화 정책 왜곡 등 글로벌 경제에 부정적 영향을 피할 수 없다.

앞서 트럼프 당신사는 신거 한 밀을 잎두고 《블룸버그》와 인디뷰에서 연준의 금리 결정 과정에 대한 대통령 발언권의 중요성을 거듭 강조한 바 있다.

연준은 상당한 운영상의 독립성을 누리는 기관들로 구성되어 있다. 세계 최대 경제와 글로벌 자산 시장의 방향에 막대한 영향력을 행사하는 정책 결정을 독립적으로 내릴 수 있는 것이다.

그런데, 트럼프 당선자의 발언은 그가 연준이 금리에 대해 어떻게 해야 한다고 생각하는지 적극적으로 의견을 개진할 권리가 있다는 것으로, 이는 연준의 금리 결정에 직접 대통령이 참여하지는 않지만, 간접적인 영향력을 끼칠 수밖에 없다.

바이든 대통령의 경우 취임 후 단 한 차례도 연준의 금리 결정에 대해 언급한 적이 없었다.

현 제롬 파월(Jerome Powell) 연준 의장 임기는 오는 2026년에 만료될 예정으로 트럼프가 집권과 동시에 새 연준 의장을 바로 지명할 가능성도 거론된다.

파월 의장의 임기가 많이 남은 현실을 무시하고 이른바 그의 후

한미 기준금리 추이

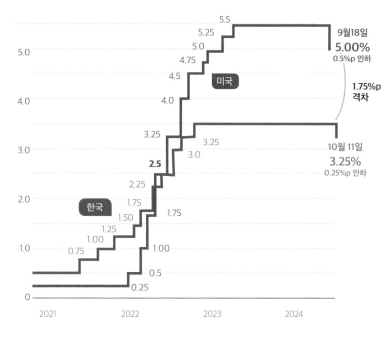

미국금리상단 기준
자료. 한국은행, 미국연방준비제도(Fed)

임자를 미리 지명하는 방식의 '그림자 연준 의장'을 내세우며 현직 의장의 힘을 뺄 수 있다는 전망이다.

이 '그림자 의장'이 제롬 파월 의장과 충돌할 경우 시장 참여자들에게 혼란을 줄 수 있고, 이는 결과적으로 금융 안정성을 해칠 것이라는 경고가 벌써부터 나오고 있다.

달러 너무 비싸다, 달러 가치 변동성 주목

관세만큼이나 트럼프 당선자의 경제정책 기조에서 과거 집권 1기와 비교해 전혀 바뀌지 않은 채 일관된 방향성을 추구하고 있는 것이 있다. 바로 달러화 강세에 대한 뿌리 깊은 불만이다.

그는 1기 재임 시절에도 "대통령으로서 강한 달러에 기뻐해야 할 것 같지만, 나는 그렇지 않다"라며 "캐터필러, 보잉 같은 미국 기업들이 경쟁에서 어려움을 겪고 있다"고 주장했다.

내선 전 유력 매체들과 인터뷰에서도 그는 늘 "재집권 시 달러 가치를 내려 미국산 수출을 촉진하고 제조업을 부양하겠다"며 바이든 행정부의 달러 강세에 불만을 터뜨려왔다.

부통령 당선자인 J.D. 밴스 의원 역시 과거 제롬 파월 연준 의장과 질의응답 중 "달러의 기축통화 지위는 미국 소비자들에게는 보조금이지만 미국 제조업체들에는 세금"이라고 주장해 트럼프 당선자와 동일한 시각을 드러낸 바 있다.

이를 두고 시장에서는 "강한 달러에 회의적인 사람들은 이것이 미국 수출품을 해외에서 너무 비싸게 만들어 미국 노동자들에게 피해를 준다고 주장하는데 이처럼 달러화를 평가 절하하려는 시도는 트럼프와 밴스의 포퓰리즘 정신과 일치한다"고 염려의 목소리를 표출해왔다.

미국은 1990년대부터 '강한 달러' 정책을 유지해왔다. 당시 미국의 재무장관이었던 로버트 루빈은 강한 달러가 미국 기업의 해외 경쟁력을 위협하지 않는다고 선언하기도 했다.

문제는 트럼프 당선자가 과연 어떤 방식으로 달러화 약세를 추구할지 여부다.

시장 전문가들은 2기 트럼프 행정부에서 재무부가 달러를 팔아 외화를 사거나 연준에 더 많은 달러를 찍어내는 방식으로 압력을 가할 가능성을 상정하고 있다.

특히 트럼프 당선자가 인위적 개입으로 달러화 약세를 유도할 경우 국제 상거래에 상당한 영향이 예상된다. 달러의 평가절하와 함께 트럼프 당선자의 관세 인상이 현실화하면 '트럼플레이션'에 가속페달을 밟는 악순환을 일으킬 수 있다.

기본적으로 확장적 경기 부양과 관세 인상, 달러 평가절하는 모두 인플레이션 증가라는 같은 방향을 가리키고 있기 때문이다.

같은 맥락에서 달러 약세 전략은 그가 추구하는 고관세 및 감세 전략과 상충하는 모순을 내포하고 있다.

관세 강화로 역내 수입 가격 상승이 인플레이션을 가중시키고 이에 대응한 중앙은행의 금리 인상이 이뤄질 경우 강달러 국면을 초래하게 된다. 인플레이션이라는 막대한 고통을 수반하지 않고 미국 제조업의 부흥을 바라는 트럼프 당선자의 뜻대로 달러화가 하향 조정될 수는 없다는 뜻이다.

미국 경제 전문가들은 대선 전부터 "관세와 낮은 금리, 달러 약세, 확장 재정은 결국 디스인플레이션과 양립할 수 없다. 트럼프 전 대통령이 하려는 일은 대체로 달러 강세로 이어질 것"이라고 염려해 왔다.

특히 로렌스 서머스 전 미국 재무장관은 "달러 가치를 떨어뜨리면서 관세를 인상하는 건 공급 충격으로 이어질 것"이라며 "스태그플레이션(경기하강 속 물가상승) 현상이 생겨날 수 있다"고 경고했다.

**한국에서 배워라,
노벨경제학상 수상자의 일침**

"숙련된 노동력이 없으면 미국에 TSMC 첨단 공장이 들어서도 무용지물이다."
올해 노벨경제학상 수상자인 대런 애쓰모글루(Daron Acemoglu) 미국 메사추세츠공과대학(MIT) 교수는 대선을 앞두고 첨단 산업을 따라가지 못하는 미국의 저숙련 노동력 현실을 지적하며 이같이 경고해 주목을 받았다. 트럼프 당선자가 다시 추진할 미국 제조업 재건 과정에서 숙련된 노동력 확보는 임기 내내 중요한 어젠다로 부상할 것이라는 관측이다.

지난 8년간 트럼프와 바이든 행정부가 당근과 채찍으로 한국의 삼성전자·현대차, 대만의 TSMC 등 하이테크 기업의 미국 본토 투자와 공장 유치에 성과를 내고 있지만 정작 미국 내 고숙련 노동력이 마련돼 있지 않으면 이 첨단 공장들이 제대로 가동되지 못해 제조업 경쟁력에 전혀 도움이 되지 못할 것이라는 지적이다.

그는 10월 《뉴욕타임스》에 〈지금 미국 경제는 몽유병 환자처럼 경제 폭풍 속으로 걸어가고 있다〉는 제목의 기고에서 미국 제조업의 핵심인 노동자 재교육의 중요성을 역설했다.

그가 말하는 경제의 '폭풍'은 미국 경제가 직면한 고령화와 인공지능(AI) 부상, 세계 경제의 재편 등 세 가지 변화를 의미하는 것으로, 안타깝게도 미국의 정치 시스템이 이 변화에 맞춰 노동력 재교육에 제대로 대응하지 못하고 있다고 진단했다.

대표적으로 애쓰모글루 교수는 세계 1위 파운드리(반도체 위탁생산) 기업인 대만 TSMC가 올해 미국 애리조나주에서 첫 반도체 신공장을 가동할 예정이었으나 미국 내 숙련 근로자 부족으로 가동을 내년으로 연기한 점을 꼬집었다. TSMC는 공장 가동 전 최적화 업무를 수행하는 데 현지 숙련 근로자가 부족하자 급기야 대만 근로자들을 애리조나 공장에 투입시키고 있다. 또 이 공장 가동이 1년 지연되면서 당초 이 공장에서 양산하는 반도체를 납품받으려 했던 고객사 애플의 사업 전략에도 연쇄 충격이 발생한 상태다.

그는 미국보다 훨씬 고령화 속도가 빠른 일본과 한국, 독일 등 3개국을 거론하며 "이들 국가는 자동화를 보완하는 새로운 업무에 근로자가 적응할 수 있도록 교육 투자를 했고, 그 결과 생산성이 더 오르고 임금도 지속적으로 올랐다"고 강조했다.

역으로 미국 정부가 「인플레이션감축법」과 「반도체 및 과학법」 등을 통해 이런 외국 기업들의 미국 내 제조시설 유치에 열을 올리고 있지만 이를 감당할 수 있는 노동력 재교육은 크게 부족하다고 비판했다.

그는 "카멀라 해리스 부통령과 도널드 트럼프 전 대통령의 선거 캠프 모두에서 다가오는 도전에 대비해 미국의 노동 역량을 강화하기 위한 투자 등 포괄적인 계획이 보이지 않는다"라며 "이로 인해 미국 제조업에 제공되는 기회가 낭비될 것"이라고 염려했다.

또한 "로봇에 대한 투자는 빠르게 증가했지만, 사람에 대한 적절한 투자가 함께 수반되지 않고 있다"며 "AI가 업무를 자동화하고 노동자를 부수적 업무에 대체하는 방식이 아닌, 새 업무에서 역량을 창출할 수 있도록 광범위한 국가 전략을 수립해야 한다"고 호소했다.

그 구체적인 접근법으로 그는 노동자 재교육 프로그램에 대한 정부의 세금 공제와 교육 보조금 투입 등을 촉구했다. 아울러 노동력 재교육이 미국 제조업 경쟁력의 중차대한 문제임에도 지금 미국 정치판의 관심이 바가지요금에 대한 정부 규제, 서비스 팁에 대한 비과세 논쟁 등에 쏠려 있어 충분한 조명을 받지 못하고 있다고 한탄했다.

그는 "새로운 제조 역량은 하루아침에 구축될 수 없고, 기술의 부족은 산업 재생을 가로막을 수 있다. 안타깝게도 지금 미국의 노동력은 이러한 준비가 돼 있지 않다"고 경고했다.

부양으로 인한 천문학적 부채 지속 가능할까

"이대로 가면 다음 달 미국 정부 디폴트. 신용평가사, 미국 신용등급 하향 검토한다."

이번 대선을 앞두고도 미국 경제의 아킬레스건인 천문학적 부채 문제가 양당 대선 후보들의 신규 공약 발표와 맞물려 유권자들의 관심사로 부상했다.

흥미로운 점은 악화하는 국가 부채를 더 망가뜨릴 주범으로 해리스 부통령보다는 트럼프 당선자를 일찌감치 지목했다는 점이다. 세수가 뒷받침되지 않는 그의 선심성 공약이 부채 증가 속도를 키울 것이라는 게 이 같은 염려의 시작점이다.

일례로 미국 초당파 비영리 기구인 '책임 있는 연방 예산위원회'(CFRB)가 대선일 한 달 전 발표한 보고서에 따르면 트럼프 당선자의 선거 공약이 이행될 경우 향후 10년간 미연방이 떠안는 재정적자는 7조 5,000억 달러(약 1경 117조 원)에 달할 것으로 조사됐다. 이는 같은 기간 카멀라 해리스 부통령의 공약이 야기할 재정적자 규모(3조 5,000억 달러)의 2배 이상이다.

미국의 재정적자는 추세적으로 가파르게 늘어나고 있다. 코로나19 확산 당시에 막대한 임시 보조금을 투입하면서 재정적자는 2020년 3조 1,300억 달러, 2021년 2조 7,700억 달러를 각각 기록했다. 2022년 1조 3,700억 달러로 줄어들긴 했지만, 2023년 1조 6,900억 달러에 이어 2024년에 적자 규모가 다시 증가세를 보이고 있는 상황이다.

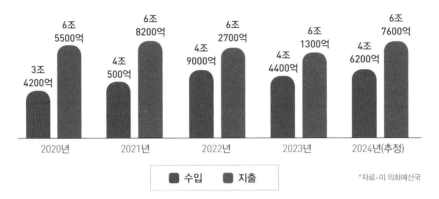

미국 연방정부 연도별 수입·지출

단위=달러

2020년 3조 4200억 / 6조 5500억
2021년 4조 500억 / 6조 8200억
2022년 4조 9000억 / 6조 2700억
2023년 4조 4400억 / 6조 1300억
2024년(추정) 4조 6200억 / 6조 7600억

■ 수입 ■ 지출

*자료=미 의회예산국

뱅크 오브 아메리카(BoA) 추계에 따르면 미국의 정부 부채는 33조 6,000억 달러(약 4경 5,662조 원) 수준으로 오는 2033년이 되면 미국 정부 부채가 50조 달러(약 6경 7,950조 원)를 돌파할 것으로 예상된다.

향후 10년 동안 미국의 부채가 매일같이 52억 달러(약 7조 668억 원)씩 불어난다는 것으로, 이는 중국, 일본, 독일, 인도의 GDP를 합친 것보다 많은 수준이다.

국가부채가 계속 늘면서 미국의 국가신용등급 강등 리스크도 커지고 있다. 국제 신용평가사 피치는 지난해 8월 미국의 국가신용등급을 'AAA'에서 'AA+'로 전격 강등하면서 금융시장을 혼란에 빠트리기도 했다.

세계 3대 사모펀드인 칼라일그룹의 데이비드 루벤스타인(David Rubenstein) 회장은 "지금처럼 재정적자를 늘리면 미국도 기축통화국 지위를 유지하지 못할 수 있다"고 경고하기도 했다.

심지어 일론 머스크 테슬라 최고경영자조차 천문학적으로 급증하고 있는 미국의 부채 문제를 근본적으로 해결하지 못하면 달러화는 휴짓조각이 되는 운명을 피할 수 없을 것이라고 경고했다.

산업정책

바이든의 「인플레감축법」과
「반도체법」 얼마나 바뀌나

바이든 행정부에서 발의한 「인플레감축법」과 「반도체법」은 미국 정부가 최근 발표한 가장 중요한 산업정책 법안이다. 또한, 한국 기업에 가장 큰 영향을 준 법안이기도 하다.

하지만 도널드 트럼프 정부가 출범하면서 「인플레감축법」과 「반도체법」에도 큰 영향이 있을 수밖에 없다. 트럼프 대통령은 「인플레감축법」을 대대적으로 개편할 것임을 예고한 바 있다. 「반도체법」에도 일부 변화 가능성이 있다.

여기서는 「인플레감축법」과 「반도체법」의 주요 내용을 다루고 달라질 가능성이 있는 부분을 다룬다.

인플레이션 감축법

「인플레이션 감축법(IRA, Inflation Reduction Act)」은 인플레이션을 줄

이는 것을 목표로 하고 있지만 실제 주목적은 기후변화 대응을 위한 법안이다. 인플레이션의 원인에 기후변화가 있고 이를 해결하기 위해 전기차, 재생에너지 등의 산업을 지원하고 이를 미국 중심의 공급망으로 재편하기 위한 법이다. 2022년 8월 시행됐다.

기업들이 가장 민감하게 움직인 것은 보조금 부분으로 친환경 차 세액공제, 첨단 제조생산 세액공제, 시설투자 지원금의 세 가지 형태였다. 총 3,690억 달러 규모다.

친환경 차의 경우 단순히 전기차를 미국 내에서 생산하면 지원해 주는 것이 아니라 배터리 핵심 광물을 북미 자유무역협정(FTA) 체결국 내에서 조달해야 한다. 또한, 배터리 부품도 북미에서 조달해야 한다. 거기에 해외 우려 기관(FEOC, Foreign Entity of Concern)으로 간주될 경우에도 보조금을 받을 수 없다.

해외 우려 기관은 1) 우려국(중국, 러시아, 북한, 이란)이 소유 및 통제하는 집단, 2) 우려국에 본사를 둔 집단, 3) 우려국에서 사업장을 운영하는 집단, 4) 우려 집단이 지분 25% 이상을 직간접적으로 보유한 집단으로 정의된다. 우려 집단과 지분 조건이 없는 위탁 생산 라이선스 계약을 체결하는 경우도 우려 집단으로 분류된다.

첨단 제조생산 세액공제는 배터리 부품, 태양광·풍력 발전 부품, 핵심 광물 등에 대한 세액공제를 해주는 것으로 미국 내 생산, 미국 내 판매하는 경우에만 세액공제를 부여한다.

마지막으로 시설투자지원금은 핵심 광물, 핵심 소재를 투자할 경우 지원금을 주는 것으로 청정에너지 관련 기술 제품을 제조하거나

탄소 감축 및 에너지 효율화 설비를 운영해야 한다.

IRA 법안이 국내 기업들에 미친 가장 큰 영향은 미국 내에서 배터리를 직접 생산하고, 배터리 핵심 광물 조달을 북미에서 해야했다는 것이다.

이에 따라 국내 배터리 3사(LG에너지솔루션, 삼성SDI, SK온)이 미국에 대규모 투자를 시작했다. LG에너지솔루션은 미국 테네시주, 애리조나주에 공장을 짓는다. 삼성SDI는 기존에 미시간주에 운영하고 있던 공장에 추가로 스텔란티스와 미국 인디애나주에 배터리 공장을 짓는다. SK온은 미국 조지아주에 공장을 짓고 있고, 포드와 손잡고 테네시주와 켄터키주에도 설립을 준비하고 있다. 현대자동차는 미국 내에서 전기차도 생산한다. 조지아주의 전기차 전용 공장에서 아이오닉5 등 전기차를 생산한다.

IRA는 전기차와 배터리 회사 외에도 영향을 미치고 있다. 한화그룹의 한화솔루션 큐셀 부문(한화큐셀)은 IRA 혜택을 노리고 미국 조시아주에 모듈 공장을 건설했다. IRA의 첨단 제조생산 세액공제를 받기 위해서다.

반도체와 과학법

'칩스법'으로도 불리는 「반도체와 과학법(CHIPS ans Science Act)」은 미국 내에서 첨단 반도체 생산을 직접 하도록 독려하는 법이다. 반도체 산업은 2000년대 이후 설계와 제조의 분리가 가속화되어 왔다. 미국은 반도체 공급망에서 회로 설계프로그램(EDA), 지적재산권(IP),

위쪽부터 시계방향으로 SK온 조지아 공장, 한화큐셀 조지아 공장, 삼성반도체 오스틴 공장, 인텔 오하이오 공장, LG에너지솔루션 오하이오 공장

칩 설계 등 고부가가치 분야에서 선두를 차지했다. 하지만 이를 직접 생산하는 메모리, 웨이퍼 제조, 후공정 분야에서는 동아시아 기업들에 의존해 왔다. 특히 선단 공정으로 불리는 첨단 반도체 제조 역량은 대만 TSMC와 한국 삼성전자만 보유하고 있었다. 코로나19 기

간 미국 내 반도체 제조시설의 부재가 가져올 수 있는 안보 위협을 느낀 미국은 반도체법을 통해 첨단제도 특히 파운드리를 국내에 가져오기 위한 정책을 발표했다. 이것이 2022년 8월 반도체법이다.

반도체법은 미국 내에 첨단 반도체 시설을 건립할 경우 세액공제를 통한 보조금을 준다. 총 390억 달러 규모다.

이에 따라 대만 TSMC, 한국 삼성전자, 미국 인텔이 미국 내 제조공장 설립계획을 발표하고 공장 건설을 시작했다. TSMC는 애리조나주에 처음으로 파운드리 공장을 건설하고 있으며 2025년이면 생산이 이뤄질 것으로 보인다. 삼성전자도 기존 공장이 있던 텍사스주 오스틴 근처에 파운드리 공장을 증설했다. 인텔은 기존 공장이 있던 애리조나주에 이어 추가로 오하이오주에 새로운 팹을 건설하겠다고 발표했다.

이에 따라 미국 상무부는 2024년 4월 삼성전자에 64억 달러, 인텔 85억 달러, TSMC 66억 달러의 보조금을 지급하기로 했다. SK하이닉스도 인디애나주에 패키징 공장을 설립하고 4억 5,000만 달러의 보조금을 받을 예정이다.

IRA 어디로 가나

도널드 트럼프 대통령이 IRA에 변화를 주려고 하는 것은 크게 두가지 이유다. 하나는 기후변화를 믿지 않고 전기차를 비롯한 친환경 산업을 부정적으로 보기 때문이다. 두 번째는 IRA가 너무 많은 예산을 쓴다는 생각 때문이다.

이런 측면에서 당선된 트럼프는 전기차를 구입하면 공제해 주는 7,500달러의 세금을 철폐할 가능성이 높다. 또한 태양광 패널을 설치할 때 제공해주는 세제 혜택도 없앨 가능성이 높다.

7,500달러의 세제 혜택이 없어질 경우 이미 '캐즘'에 빠져있는 전기차 판매는 더 줄어들 것이고 보조금을 보고 북미에 대규모 투자를 결정한 한국 배터리 3사는 큰 타격을 받을 가능성이 높다.

올해 들어 중국을 제외한 전 세계에서 전기차 판매가 감소하고 있다. SNE리서치에 따르면 2024년 1~7월 북미에서 전기차 인도 대수는 99만 7,000대로 전년동기대비 9.3% 증가에 그쳤다. 2023년 49% 성장에 비하면 성장세가 급격히 감소하고 있는 것이다. 이는 유럽과 아시아도 마찬가지다.

전기차 수요 감소는 혁신 기술이 대중에게 수용되는 과정에서 벌어지는 불가피한 성장통으로 이를 '캐즘(chasm)'이라고 부르고 있다. 캐즘은 본래 지질학 용어로, 땅이나 얼음 속에 난 깊은 틈을 일컫는다. 마케팅에서는 신제품이 시장에서 대중화되기 전 일시적으로 수요가 줄어들거나 정체되는 현상을 가리키는 데 쓰인다.

신제품을 빨리 받아들이는 '얼리 어답터'는 이미 전기차 구매를 모두 마쳤다. 그동안 내연기관차를 구매하던 고객들이 추가로 구매해야 하는데 이들이 선뜻 구매에 나서지 않고 있는 것이다. 전기차 보급이 빠른 북미에서도 아직은 충전 인프라 구축이 충분하지 않다는 인식이 지배적이기 때문이다.

그러나 트럼프의 당선으로 전기차 전환 트렌드가 거꾸로 갈 가능성은 낮다. 트럼프 대통령 당선에 일론 머스크 테슬라 CEO가 크게 기여한 만큼 전기차 전환 트렌드를 뒤로 돌리지는 않을 것으로 보이기 때문이다.

또한, 트럼프는 중국 전기차에 대한 대규모 관세를 매길 것으로 보인다. 중국 1위 전기차 업체인 BYD는 멕시코에서 전기차 생산을 준비하고 있는데 NAFTA에 따라 멕시코에서 생산되는 전기차는 관세 없이 수출이 가능하다. 하지만 트럼프 대통령이 유세 중 멕시코산 중국 전기차에 대해서 대규모 관세를 약속한 만큼 대규모 관세가 예상된다. BYD가 아예 공장 건설 계획을 철회할 가능성도 있다.

트럼프 정부의 반도체 정책은

「반도체법」역시 트럼프 정부에서 큰 변화가 생길 수 있다. 트럼프 대통령은 2024년 7월 인터뷰에서 "우리 반도체 산업의 거의 100%를 대만이 가져갔다"면서 "미국은 보험회사와 다를 바 없다. 대만은 미국에 방위비를 내야 한다"라고 말한 적이 있다. 또한 그는 바이든 정부의 「반도체법」이 대만 기업을 지원하는 것에 대해서도 불만을 표한 적이 있다.

이런 점에서 현재 TSMC와 삼성전자 등에 지급하기로 한·미 정부의 보조금 지원이 취소될 수도 있다.

더 주목해야 할 것은, 현재 침몰할 위기에 처해있는 인텔을 구하는데 얼마나 미국 정부가 적극적으로 나설 것인가라는 점이다.

인텔은 1980년대 처음으로 PC에 들어가는 중앙연산처리장치

(CPU)를 만들어내서 PC의 시대가 열렸고, 세계 최고의 반도체 기업으로 부상했다. 인텔은 반도체 설계 능력과 제조 능력 양쪽에서 모두 경쟁사들을 압도했다. 2000년대까지만 해도 미국의 반도체 제조 경쟁력은 정점에 올라 있었다.

하지만 위기는 큰 산업적 변화에서부터 시작됐다. 2008년 아이폰의 등장으로 스마트폰의 시대가 열리면서 스마트폰의 핵심 반도체인 AP의 중요성이 커졌다. 인텔은 스마트폰 AP를 만들어 달라는 애플의 제안을 거절할 정도로 이 시장의 크기를 작게 봤다. 결국 애플이 자체 반도체를 설계하고 이를 대만 TSMC에 위탁생산을 맡기면서 인텔 천하에 균열이 가기 시작했다. 애플의 제품에 들어가는 모든 반도체를 TSMC가 생산하기 시작하면서 TSMC의 제조 역량이 빠르게 좋아지기 시작했다. 인텔은 네덜란드 ASML에서 만드는 첨단 반도체 생산 장비인 EUV(극자외선노광장비)의 도입도 TSMC와 삼성전자에 비해 늦었다. 똑같은 CPU여도 TSMC에서 생산한 AMD의 것이 인텔이 자체 생산한 것보다 성능이 좋았다. 결국 인텔도 PC용 CPU를 TSMC에 생산을 맡기는 상황까지 가게 된다.

이렇게 경쟁력이 뒤처진 상황에서 2021년 인텔의 CTO를 지냈던 팻 겔싱어(Pat Gelsinger) CEO가 구원투수로 영입된다. 그의 전략은 「반도체법」에 따라 정부 지원금을 받아 파운드리를 미국에 건설한다는 것이었다. 도입이 늦었던 EUV의 다음 세대 장비인 NA-EUV를 TSMC와 삼성전자보다 먼저 도입해 공정에서 역전을 노리기로 했다. 그런데 문제는 이렇게 대규모 투자를 해야 하는 상황에서 인텔의 본업인 CPU 사업이 흔들리기 시작했다는 점이다. 생각보다 수요가 살아나지 않고 경쟁사들이 인텔의 수익성을 갉아먹으면서 2024년 2분기에만 16억 1,000만 달러(약 2조 2,000억 원)의 적자를 냈다. 아직 투자할 것이 많은 상황에서 적자를 기록하면서 인력 감축과 투자 규모 축소가 이뤄지고 있다.

이런 상황에서 트럼프 정부가 어떻게 인텔 구하기에 나설지가 관심이다. 트럼프 정부의 특징상 직접적인 보조금이나 지원은 선호하지 않을 가능성이 높다.

대신 미국 기업들의 팔을 비틀어 인텔에 위탁생산을 맡기도록 강제할 수 있다. 애플, 엔비디아, 브로드컴, AMD, 마이크로소프트, 아마존, 구글 같은 기업들이 대상이 될 수 있다. 현재도 인텔은 마이크로소프트와 아마존의 AI 반도체를 생산하는 것으로 되어있는데 여기에 미국 정부의 입김이 작용했을 것이라는 추측이 나온다.

이런 점에서 미국 정부의 인텔 살리기에 따른 피해는 우리나라의 삼성전자가 가장 크게 볼 수 있다는 전망도 나온다.

최근 파운드리 시장은 1위 TSMC와 나머지 업체들의 시장점유율 차이가 더 벌어지고 있다. 올해 2분기 기준 TSMC의 시장점유율은 62.3%이고 삼성전자는 11.5%, 중국 SMIC 5.7% 순이다. 첨단 공정에서 TSMC에 도전했던 삼성의 점유율이 크게 하락한 결과다. 현재는 인텔의 점유율이 1%에 미치지 못하고 있지만 미국 테크 기업들이 주문한 반도체의 생산을 시작하면 점유율이 빠르게 올라갈 수 있다.

이런 상황에서 1위인 TSMC의 고객들은 다른 파운드리에서 첨단 반도체를 생산할 의향이 없다. 애플, 엔비디아, 퀄컴, AMD, 미디어텍 등은 가장 중요한 반도체의 생산을 TSMC에 맡기고 있다. 핵심 제품의 경쟁력이 TSMC의 기술력에 달려 있기 때문이다. 반면, 2티어 반도체들은 기존 삼성전자에서 인텔로 생산업체를 옮길 가능성도 있다. 마이크로소프트와 AWS가 인텔에 제조를 맡기는 반도체는 엔비디아의 AI 반도체의 대체 제품으로 꼭 최고의 성능을 가질 필요는 없는 제품이기 때문이다.

이런 점에서 트럼프 정부 시대의 미국의 반도체 정책 변화와 이것이 삼성전자에 미칠 영향에 대해 철저한 대비가 필요하다.

경제정책과 투자전망

월가가 보는 트럼프노믹스
유망 투자 영역

도널드 트럼프 행정부 2기 시대 주요 투자처는 트럼프 대통령의 주요 정책을 먼저 살펴봐야 알 수 있다. 트럼프는 1기 정책을 대체로 계승한다는 전망이 우세하지만, 의회 상황 등 환경 변화에 따라 차이를 보일 수 있기 때문이다. 트럼프의 핵심 정책은 세금 인하, 규제 완화, 전통 에너지 산업 육성, 방위 산업 강화, 관세 인상 등으로 구성된다. 이에 따라 에너지, 방산, 금융, 가상화폐 등 신기술 등에서 투자 기회를 찾아야 한다는 게 월가의 공통적인 분석이다. 이하 유망 투자 영역별로 조망해 본다.

석유 등 화석연료 에너지와 원전 재부상

트럼프 당선에 따라 미국 내 큰 정책적 변화 중 하나는 바이든 행정부에서 추진되던 친환경 정책이 폐기되거나 크게 축소되고 화석

연료 중심의 에너지가 부상하는 것이다. 이에 따라 태양광, 풍력 등 신재생 에너지 관련 투자는 위축되고 석유 등 전통 화석연료 시장이 더욱 활성화될 전망이다.

트럼프는 앞서 2024년 7월 공화당 전당대회 대선 후보 수락 연설에서 이미 화석 연료 생산을 두 배로 늘리겠다고 공포한 바 있다. 트럼프는 선거운동 내내 "드릴, 베이비, 드릴(Drill, baby, drill!)"을 외쳤다. 공화당은 "에너지 생산을 해방하겠다"고 공약했다. "드릴, 베이비, 드릴"은 2008년 공화당 전당대회에서 공화당 전국위원회 위원장으로 선출된 마이클 스틸(Michael Steele) 전 메릴랜드주 부지사가 처음 사용한 캠페인 슬로건으로 미국 국내 석유와 가스 시추 확대를 지지한다는 뜻이다.

석유와 가스 시추를 하는 드릴십.

이에 트럼프는 앞으로 바이든 행정부의 환경 관련 법안을 폐지하고, 해상 굴착을 대대적으로 확대하고, 바이든이 부과한 새로운 액화천연가스(LNG) 수출 허가 금지 조치를 종료할 전망이다. 이 경우 해당 산업이 활성화되게 된다.

반면 신재생 에너지는 크게 위축될 전망이다. 풍력과 태양광의 경우 트럼프는 선거 기간 동안 너무 비싸고 전력 생산도 너무 적다고 강하게 비판해왔다. 특히 해양 풍력 발전의 경우 해양 생태계에 해롭다고 주장했다.

트럼프는 기후 변화 협정인 파리 협정을 다시 한번 탈퇴할 전망이다. 이 경우 파리 협정상 온실가스 감축 관련 산업은 충격을 받을 수밖에 없다. 아울러 가전제품에 적용되는 에너지 효율 기준을 철폐할 계획이다. 이 때문에 이를 적용해왔던 가전제품은 상대적으로 손해를 입게 될 전망이다.

반면, 이 덕분에 미국의 에너지 가격은 어느 정도 인하될 수 있다는 관측이다. 트럼프는 적극적인 시추 정책으로 에너지 비용을 50% 줄일 것을 공약했다. 이 경우 미국 내 제조 및 생산 업체는 생산비용 절감 효과를 누릴 것으로 기대된다.

이 때문에 원전이 주목된다. 원전이 가장 값싼 비용으로 전력을 생산하기 때문이다. 아울러 원전은 24시간 내내 안정적으로 전력 공급이 가능한 데다, 정치적으로 양극화된 상황에서도 초당적인 지지를 받고 있다. 따라서 원전 산업에 대한 투자가 유망할 것으로 관측된다.

일각에선 원전주의 주가 상승을 이끈 소형모듈원전(SMR) 상용화가 빨라야 2028년에야 가능하다는 점을 근거로 원자로 자체보다 발전 연료와 농축 우라늄이 수혜주가 될 것이라는 시각도 있다.

방위 산업 다시 뜬다

방위 산업은 트럼프 행정부 1기 당시 뉴욕증권거래소에서 임기 4년 동안 평균 주가가 40% 이상 뛴 분야다. S&P500지수 평균을 훌쩍 뛰어넘는다. 이에 따라 방위 산업이 트럼프 행정부 2기에서도 부상할 것이라는 관측이다.

BTIG의 아이작 볼탄스키(Isaac Boltansky) 정책 연구 책임자는 "백악관을 공화당이 차지하면 일반적으로 군사 지출에 대한 지원이 훨씬 더 많을 것"이라고 말했다.

팩트셋에 따르면 미국에 상장된 방위 산업용 항공기 및 장비 제조업체, 조립업체, 유통업체를 추적하는 아이쉐어즈 미국 항공우주 및 방위 산업 ETF(AMS:ITA)는 트럼프가 취임한 2016년부터 첫 2년 동안 각각 18.9%와 33.9% 상승했다. 이는 바이든 취임 첫 2년 동안 달성한 8.5%와 8.8% 상승과 비교된다.

어바노비츠 책임은 "특히 지정학적 긴장이 고조되는 상황에서 항공기와 장비에 대한 엄청난 수요가 있어 방위주는 다른 주식에서 진행되는 마진 압박에서 분리된 상황"이라며 "방산주는 향후 몇 년 동안 방어주로서 대우받을 것"이라고 분석했다.

미국 내 방위 산업의 확대는 큰 이견이 없는 가운데 한국 방위 산업에 대한 영향은 의견이 갈린다. 하나증권은 국내 방산업계에 우호적인 환경을 조성할 것이란 분석을 내놨다. 국방력 강화, 군인 지원, 국방 개혁 필요성을 주장하고 있는 트럼프 후보가 당선된다면 국방비 증가 가능성이 크고 이에 따른 국내 방산업체가 수혜를 볼 수 있다는 말이다.

조연주 NH투자증권 연구원은 "트럼프가 주장하는 우크라이나 군 지원 중단, 나토 탈퇴 등 글로벌 분쟁 개입이 실제로 축소되면 전 세계 각국이 자체 방위력을 위해 무기 수입을 늘릴 가능성이 있고, 이는 K-방산에 대한 관심 확대로 이어질 수 있다"고 했다.

그러나 산업연구원은 "트럼프 당선 시 한·미 방산 협력 후퇴와 우크라이나 지원 중단에 따른 수출 둔화가 우려된다"고 분석했다. 사우디아라비아와 아랍에미리트(UAE)를 인권 침해국으로 지정해 무기 수출 통제를 가하는 바이든 정부와 달리 규제를 완화한다면 중동서 미국과 경쟁해야 할 수도 있다는 의견이다.

은행 등 금융산업 확대로 가상화폐도 수혜

금융시장도 트럼프 당선으로 수혜를 볼 것으로 기대된다. 금융부문 규제 완화가 단행되고 법인세가 인하에 대한 기대가 높기 때문이다. 은행 등 금융기관은 수익성이 높아지고 주가도 오를 것이라는 관측이다.

이에 따라 월가 대형 기관들이 트럼프 행정부 2기에 성장 가도를 달릴 것이라는 분석이다.

예를 들어, 울프 리서치가 권고한 10개의 트럼프 수혜주에는 금융주가 4개로 가장 많았다. 월가 최대 투자은행 골드만삭스(GS), 찰스 슈왑(SCHW), 에버코어(EVR), 씨티그룹(C) 등이 포함됐다.

대형 금융사들이 엄격한 금융 규제에서 벗어나면 더 적극적인 투자 및 수익성 제고, 고객 유치 활동을 벌일 수 있게 된다. 특히 팬데믹 이후 인수합병(M&A) 시장이 얼어붙었다가 다시 회복되는 시기에 트럼프 당선은 투자은행 시장에 호재라는 분석이다.

가상화폐 역시 금융권에서 주목되는 수혜주다. 트럼프는 꾸준히 가상화폐에서 미국이 패권을 누리겠다는 발언을 해왔다. 그는 "비트코인을 미국의 전략 자산으로 비축하겠다"면서 "남은 비트코인 채굴량 전체를 미국이 확보할 것"이라고 밝힌 바 있다. 트럼프는 가상

트럼프는 대통령 직속 가상자산 자문위원회를 공약하는 한편, 가상화폐를 통한 달러 패권 유지에도 관심이 있음을 드러냈다.

화폐에 부정적인 게리 겐슬러 미국 증권거래위원회(SEC) 위원장을 해임하겠다고 발언하기도 했다.

트럼프는 가상화폐를 통한 달러 패권 유지에도 관심이 있다. 그는 "중앙은행발행 디지털화폐(CBDC) 도입을 검토하겠다"며 "달러 기반 스테이블코인을 확장하겠다"고 밝혔다.

한편, 트럼프의 이 같은 친(親) 가상화폐 행보에는 후원금이 배경이라는 분석도 있다. 트럼프 후원금이 가상화폐 형태 혹은 가상화폐 업계에서 꽤 많이 나오기 때문이다. 트럼프는 또한 "대통령 직속 가상자산 자문위원회를 설립하겠다"고 공약하기도 했다.

인프라와 부동산 주목

트럼프 행정부 2기에서 도로, 다리, 공항 등 인프라스트럭처 프로젝트가 유망 투자처로 거론된다. 트럼프는 인프라에 대한 집중된 투자를 여러 번 공약한 바 있다. 구체적으로 트럼프는 뉴시티 10곳 이상 건설, 인프라 투자 확대 등을 약속했다. 이에 엔지니어, 건설, 관련 자재를 다루는 기업들에 대한 투자가 유망하다.

최근 트럼프는 중국, 러시아, 사우디아라비아와 같은 국가에서 운영하는 국부펀드를 설립하는 안도 거론했다. 이 펀드를 통해 인프라 투자에 쓰겠다는 것이다. 만일 이 안이 현실화된다면 인프라 투자는 역대급 규모로 이뤄질 전망이다.

앞서 트럼프 행정부 1기 당시 인프라 투자에 대한 언급은 많이 있었지만, 실제 이렇다 할 대형 인프라 투자는 찾기 어려웠다. 문제는 재원이었는데, 국부펀드로 해결하겠다는 것으로 풀이된다.

인프라 투자가 유망한 또 다른 이유는 초당적인 목표이기 때문이다. 민주당과 공화당 모두 미국의 인프라가 국민의 수요를 충족하고 경제 성장을 지지해야 한다는 데 동의한다. 초당적인 지지를 받는 인프라 투자 영역은 시골과 저개발된 지역에서의 인터넷 접근, 식수 접근, 인프라 프로젝트를 위한 민-관 파트너십 등이다.

부동산 재벌인 트럼프는 부동산 시장을 활성화할 것으로 기대된다. 예를 들어, 리츠(Reits, 부동산투자회사) 투자가 유망하다. 실제 트럼프 행정부 1기 당시 부동산 시장 활성화에 나선 바 있다.

채권 금리 오르고, 중소형 주식 기대

트럼프 행정부 2기에서 채권 금리가 오른다는 전망이 많다. 트럼프 당선이 유력해지기 시작한 대선 보름 전부터 미국 국채 시장에서 장기 채권 금리가 빠르게 상승하는 것이 더 탄력이 붙을 수 있다는 것이다.

장기 미 국채 금리가 오르는 이유는 트럼프가 세금을 줄이고 재정 지출을 늘리면 장기 채권 가격이 더 내려갈 것으로 예측되기 때문이다.

사실 미 국채는 팬데믹 이후 대거 풀린 유동성에 의한 인플레이션 우려와 이를 억제하기 위한 기준금리 인상으로 단기 채권 금리가 장기 채권보다 높은 장단기 금리 역전 현상이 지난 2022년 7월부터 지속돼 왔다. 하지만 트럼프가 재선됨에 따라 장기 금리가 더 가파르게 올라 장단기 금리 역전 현상이 완화될 수 있다.

뉴욕 탈밴켄 캐피탈 어드바이저스의 대표인 마이클 퍼브스는 트럼프 승리로 국채 금리 상승 압력을 가할 수 있으며, 특히 감세, 관세 인상, 불법 이민자 추방 등의 공약을 이행할 경우 인플레이션이 다시 고개를 들 수 있다고 내다봤다.

주식 시장에서는 중·소형주가 탄력받을 전망이다. 골드만삭스는 중·소형주를 '트럼프 트레이드' 대상으로 꼽았다.

다만 골드만삭스는 "중·소형주가 대형주보다 더 나은 성과를 낼 가능성은 작을 것"이라며 "트럼프가 2016년 대선에서 승리한 뒤에도 중·소형주는 더 나은 성과를 냈으나 당시는 지금보다 기준금리가 훨씬 낮았다"고 짚었다.

골드만삭스는 "중·소형주가 대형주를 앞지르기 위해선 대선 후 나오는 정책이 금리에 상방 압력을 넣지 않고도 경제 전망과 이익 성장세를 유의미하게 개선해야 할 것"이라고 분석했다.

전기차 추락

트럼프 당선에 따라 바이든 행정부에서 각광받던 전기차와 배터리는 쇠락의 길을 걸을 전망이다. 트럼프는 전기차보다는 기존 내연기관 차를 확대하는 데 집중할 것이기 때문이다. 트럼프는 공화당 대선 후보 수락 연설에서 취임 첫날 전기차 의무화 정책을 폐지한다고 밝혔다. 또한 전기차 세액공제를 두고 "터무니없는 일"이라고 강조하기도 했다.

만약 트럼프가 공약대로 세액공제를 폐지한다면 테슬라와 다른 전기차 브랜드, 배터리 관련 업체 등 업계 전반에 큰 피해가 예상된다.

다만 업계에서는 일론 머스크 테슬라 최고경영자(CEO)가 트럼프 측근으로 활동하면서 테슬라는 전기차 충격에서 어느 정도 예외적으로 보호될 수 있다는 관측도 나온다.

한편, 머스크가 전기차에 회의적인 트럼프를 지원하는 이유에 대해 시장 점유율이 거론된다. 2019년 당시 테슬라의 미국 전기차 점유율은 약 80%에 달했지만 2024년 2분기에는 49.7%까지 내려갔다. IRA에 따른 전기차 혜택이 폐지될 경우, 당장 테슬라도 피해를 보겠지만 테슬라의 입지를 위협하는 경쟁 업체도 치명상을 입을 수 있다. 테슬라가 세금 혜택 폐지 이후 일정 기간 버틸 수 있다면 경쟁자 제거에 유리하다는 설명이다.

PART 2

트럼프의 선택

혼란 속 외교, 트럼프의 선택은
더 큰 위험을 부를 것인가

대북 전략

스르롱맨과 거래를 즐기는 트럼프,
김정은과 언제 재회하나

　도널드 트럼프 시대를 다시 맞은 미국은 북한과 러시아, 중국, 이란 간 협력 강화에 어떻게 대응할지 시험대에 올랐다. 특히 우리의 관심은 러시아와 밀착한 북한과의 관계다. 첫 임기 시절 트럼프 당선인은 김정은 북한 국무위원장과 직접 만남을 통해 세계를 깜짝 놀라게 했다. 자신이 주인공이어야 한다는 생각이 강한 트럼프 당선인은 전임 조 바이든 행정부와 달리 한·미 동맹보다는 또다시 김정은과 대화를 추진할 가능성이 높다.

　트럼프 1기 행정부의 대외전략이 이어질 것이라는 이유로는 트럼프 본인에 대한 확신, 대통령직에 대한 이해도 증대, 강성 지지층의 존재 등을 들 수 있다. 대법관의 구성이 트럼프 1기에 비해 더욱 유리해진 점도 트럼프가 더욱 자신감 있게 대화 정책을 추진할 수 있도록 하는 환경이다. 하지만 전쟁이 세계 곳곳에서 지속되고 있고,

미국 헌법상 더 이상 재선이 불가능한 상황에서의 관료 조직이 비협조할 수 있다는 점은 정책 방향이 다소 다를 가능성의 확률을 높여 준다.

트럼프 당선인의 대선 경쟁자였던 카멀라 해리스 부통령은 김정은을 독재자로 규정했다. 그러면서 해리스 부통령은 "트럼프는 이른바 스트롱맨을 존경하고 그들은 그에게 아첨하거나 호의를 제공하기 때문에 트럼프는 그들에게 놀아난다"고 비판하기도 했다. 이러한 그의 입장은 김정은을 비롯한 권위주의 정권 지도자들과 개별 만남에 더욱 신중히 처리할 수밖에 없다.

또다시 김정은과 담판 지을까

반면 트럼프 당선인은 김정은과의 정상외교를 통한 관계 개선으로 북핵 위협을 '관리'하겠다는 기조를 보일 것으로 예측된다. 대선전 공개된 공화당의 새 정강은 '힘을 통한 평화'라는 안보 정책 방향만 제시하고 한반도 정책의 세부 기술은 생략했다. 대신 트럼프 당선인은 대통령 후보 수락 연설에서 "많은 핵무기를 가진 누군가와 잘 지내면 좋다"며 "재집권하면 김정은과 잘 지낼 것"이라고 말했다. 그는 협상가로서 국내에서 주도권을 가진 독재자를 존중하는 경향이 있으며, 담판을 통해 문제를 극적으로 해결하는 모습을 보여왔다.

이러한 발언은 첫 번째 집권 기간에 김정은과 대면 회담을 한 트럼프 당선인이 다시 회담을 추진하겠다는 내심을 드러낸 셈이다. 북

THE WHITE HOUSE

WASHINGTON

May 24, 2018

His Excellency
Kim Jong Un
Chairman of the State Affairs Commission
 of the Democratic People's Republic of Korea
Pyongyang

Dear Mr. Chairman:

We greatly appreciate your time, patience, and effort with respect to our recent
negotiations and discussions relative to a summit long sought by both parties, which was
scheduled to take place on June 12 in Singapore. We were informed that the meeting was
requested by North Korea, but that to us is totally irrelevant. I was very much looking
forward to being there with you. Sadly, based on the tremendous anger and open hostility
displayed in your most recent statement, I feel it is inappropriate, at this time, to have this
long-planned meeting. Therefore, please let this letter serve to represent that the
Singapore summit, for the good of both parties, but to the detriment of the world, will not
take place. You talk about your nuclear capabilities, but ours are so massive and powerful
that I pray to God they will never have to be used.

I felt a wonderful dialogue was building up between you and me, and ultimately, it is
only that dialogue that matters. Some day, I look very much forward to meeting you. In
the meantime, I want to thank you for the release of the hostages who are now home with
their families. That was a beautiful gesture and was very much appreciated.

If you change your mind having to do with this most important summit, please do not
hesitate to call me or write. The world, and North Korea in particular, has lost a great
opportunity for lasting peace and great prosperity and wealth. This missed opportunity is
a truly sad moment in history.

Sincerely yours,

Donald J. Trump
President of the United States of America

도널드 트럼프 전 대통령이 김정은 북한 국무위원장에게 보낸 친서

한이 전면적으로 거부하고 있는 '비핵화'의 길을 가기보다는 북한의
핵 보유를 '현실'로 받아들이고, 정상 간의 친밀한 유대로 북핵 위협
이 미국에 도달하는 것만 막겠다는 구상이 엿보인다. 2023년 한국에
망명한 리일규 전 쿠바 주재 북한대사관 참사는 BBC와 인터뷰에서
"트럼프의 백악관 복귀가 북한에는 1,000년에 한 번 있을 기회"라면
서 "김정은은 미국을 포기하지 않았다"고 말했다.

　하노이 회담 이후 북한이 같은 방식의 대화 제안에는 응하지 않
을 것이라는 의견도 많지만, 트럼프 당선인이 회담 재개를 위한 파

격적인 협상안을 제공할 가능성을 온전히 배제하기 어렵다. 비핵화 정책의 지속성은 유지될 가능성이 크지만, 북핵 문제 해결이 교착 상태에 빠진 점을 고려할 때, 트럼프 2기 행정부는 제재의 한계를 인식하고 북한과의 협상 재개를 위해 제재 완화 및 군축 협상을 긍정적으로 검토할 수 있다. 트럼프가 북한과 직접적인 거래를 시도할 경우 우리에게는 한국의 안보 이익이 배제될 수 있다는 리스크가 존재한다.

미국 우선주의를 표방하는 트럼프 당선인은 한국 입장을 무시할 가능성이 다분히 크다. 미국에 직접적인 위협이 되는 대륙간탄도미사일(ICBM) 등 대미 핵타격 무기체계만 통제하고 나머지는 눈감아 주는 방식이 그것이다. 이를 통해 미·북 관계 개선을 노리는 셈이다. 이럴 경우 한국은 북핵 위협에 고스란히 노출된다. 미국 매체《폴리티코》(Politico)는 트럼프 당선인이 북한의 핵무기 보유를 사실상 용인하는 것을 전제로 한 '거래'를 재집권 시 추진할 대북정책으로 검토하고 있다고 보도하기도 했다. 핵 보유를 헌법에까지 명기한 북한이 스스로 핵무기를 포기할 가능성이 희박하다. 유엔 안전보장이사회(안보리)에서 거부권을 가진 중국과 러시아가 북한의 핵·미사일 고도화에 대한 제재 강화를 거부하는 상황에서 완전한 비핵화에 집착하면 대화 자체가 되지 않으니, 비핵화는 장기 목표로 돌리고 당분간 상황 관리에 치중하자는 의미다.

이미 전문가들은 미국이 북한과의 대북 제재 완화를 대가로 완전한 비핵화가 아닌 핵 프로그램 동결과 새로운 무기체계 개발을 중단하는 합의를 예측하고 있다. 트럼프 행정부 1기 일부 인사들에 의해 북한 핵 동결과 주한미군 감축 등이 거론되고 있다. 한국은 트럼프 당선인의 변칙적인 대북정책으로 발생할 리스크와 기회를 동시에 활용할 수 있는 철저한 준비가 필요한 시점이다.

한반도 비핵화 의제가 정강에서 사라진 점을 감안하면 북핵 문제가 트럼프 행정부의 우선적인 관심이 아니라는 것을 짐작할 수 있다. 2020년 공화당은 '완전하고 검증 가능하며 불가역적인 핵 폐기(CVID)'를 명시했는데 이를 이번에 없앴다. 모든 것을 계산 관계로 바라보는 트럼프 당선인은 한정된 자원 속에서 미국의 국익 극대화를 위해 국력을 선택적으로 집중해 글로벌 영향력을 행사할 것으로 관측된다. 명분에 치중한 국제문제 개입과 전방위적 군사력 투자는 지양될 것으로 예측된다. 트럼프의 공화당 정강에서 북핵 관련 언급이 사라졌으나, 이는 재선 이후 트럼프의 대북 행보에 제한을 두지 않기 위해서일 가능성도 높다. 대선후보 수락 연설에서 그는 재선 시 김정은과의 정상회담을 통해 북핵 협상을 다시 추진할 의사가 있음을 밝힌 점이 이를 뒷받침해 준다.

공화당 정강은 강력한 군사력을 바탕으로 한 '힘을 통한 평화'를 강조하면서도, 미국의 이익에 부합하지 않는 불필요한 전쟁 개입은 최소화하려는 방어적 접근을 유지할 것으로 보인다. 인도주의적 개입과 민주주의 발전, 규칙 기반 질서 수호를 위한 군사 활동으로 이어진 개입주의적이고 세계주의적인 미국의 외교정책 추진으로 인해 미국의 국방력 약화, 난민 유입, 경제 안정성 악화가 발생하고 있다고 트럼프 당선인은 인식하고 있다.

공화당 정강정책과 전당대회에서 나온 발언들을 종합하면 트럼프 2기는 규범, 가치보다는 국익을 강조할 것으로 보인다. 특히 정강정책의 10장 '힘을 통한 평화로의 귀환(return to peace through strength)'은 보편적 규범보다 미국의 국익을 우선하며, 군비를 증강하고 방산 기반을 강화하고, 중국을 견제하는 것에 중점을 둔다. 동시에 미국의 동맹국들이 공동 방어에 있어 더 많은 방위비를 부담해야 한다는 입장이다. 트럼프 당선인은 선거유세 중 "미국의 도시들이 고통받는 동안 다른 나라들에게 수조 달러가 주어졌다"고 주장한 바 있다.

트럼프 1기 싱가포르 회담의 추억

1기 트럼프 행정부 시절을 되돌아보면 양국 정상 간 관계를 기반으로 하는 탑다운(top-down) 방식의 협상 전략을 통해 미북 관계에서 상당한 진전을 꾀했다. 두 차례의 미북 정상회담은 트럼프 당선인의 강력한 기질이 있었기에 가능했던 역사적인 이벤트였다. 그러나 반세기를 훌쩍 넘겨버린 한반도의 긴장 상태가 전기를 맞이할 수 있을 것이라는 기대와는 달리, 북핵 문제를 비롯한 한반도 안보 불안의 현실적인 성과는 나오지 않았다. 전 세계가 예상하지 못했던 '세기적 대화'가 연이어 개최되는 등 구체적인 성과를 거둘 것처럼 보였으나 2019년 2월의 미북 하노이 정상회담이 '노딜'로 끝난 이후 미·북 관계의 영향으로 남북 관계마저 교착 국면에 들어섰다.

트럼프 당선인이 재선에 성공함과 동시에 대북 문제에 전념하기

도널드 트럼프 전 미국 대통령과 김정은 북한 국무위원장이 싱가포르에서 역사적인 만남을 가졌다.

를 기대하는 것은 우리의 욕심이다. 우리로서는 대북 문제가 안보 핵심 사안이지만, 미국으로서는 여러 외교 어젠다 중 하나에 지나지 않는다. 한반도 평화 체제 구축의 결실을 위해서는 미국의 결단만 바라보고 있을 게 아니라 중국과 일본, 동아시아의 전략적 파트너국들의 이해를 구하는 한국의 적극적인 양자 및 확대 외교가 필요하다.

김정은은 트럼프 당선인과 의욕적으로 대화에 나섰던 2018~19년에도 비핵화 의지가 전혀 없었다는 점에서 북핵 전망이 어둡다. 싱가포르 정상회담 직후 트럼프가 친서에서 폼페이오 당시 국무장관을 북한에 보낼 테니 최종적이고 완전히 검증 가능한 비핵화의 첫 번째 중대 조치로서 핵무기와 미사일 시설에 대한 신고를 협의하자고 했으나 김정은은 면담조차 거부했다. 폼페이오 장관이 평양을 떠난 직후 북한 측은 미국이 "일방적이고 강도 같은 요구"를 했다고 맹렬하게 비난했다. 이후 김정은은 비핵화 조건을 제시하면서 단계적이고 한 번에 하나씩 하자는, 소위 '살라미 전술'을 추진하겠다는 의지를 드러내는 한편 자신들의 목표인 종전 선언, 유엔 안보리의 핵심 대북 제재 해제, 한미 합동훈련의 중단을 요구하는 데 주력했다.

2019년 김정은이 트럼프 당선인과 협상에 나섰지만, 북한은 핵무기와 미사일은 협상에서 제외하고 영변 핵시설 폐기에 대해서만 논의하겠다는 입장을 내비쳤다. 북한이 '사실상 핵보유국'의 입장에서 미국과 협상하겠다는 의지를 드러낸 셈이다. 김정은의 이 같은 시도는 결국 실패로 끝났고, 북한은 미국과의 협상을 계속 거부하다가 2023년 9월에는 절대로 핵을 포기하지 않겠다는 입장을 「사회주의 헌법」에 명문화했다.

세계 유일 초강대국 미국은 북핵 문제를 해결하지 못하고 있다. 지난 30여 년 동안 미국은 클린턴을 시작으로 부시, 오바마, 트럼프, 바이든 행정부가 다양한 방식을 통해 북한과 합의 도출을 시도했지만, 북한은 핵 능력을 발전시켰다. 북한은 2017년까지 6차례의 핵실험을 성공시키고 미국 본토까지 도달할 수 있는 ICBM 발사 성공 이후에는 '국가 핵 무력 완성'을 선언했다. 2022년 9월에는 「핵무력정책법」 제정을 통해 선제 핵 사용 전략을 천명했다. 협상을 통해 북핵 문제를 해결하는 것은 불가능한 것이 현실이 됐다.

세계 핵탄두 보유량

단위=기

1	러시아	5580
2	미국	5044
3	중국	500
4	프랑스	290
5	영국	225
6	인도	172
7	파키스탄	170
8	이스라엘	90
9	북한	50

자료=스톡홀름국제평화문제연구소(SIPRI)

2023년 1월 한국국방연구원의 보고서에 따르면 북한이 보유한 우라늄 및 플루토늄 핵탄두 수량을 약 80~90여 발 수준으로 평가하고, 2030년에는 최대 166발까지 증가할 것으로 전망했다. 이 보고서는 북한이 목표로 하는 핵탄두 수량을 300여 발 수준으로 봤다. 미국의 랜드연구소와 아산정책연구원의 2023년 보고서에서는 북한이 최소 180개의 핵무기를 보유하고 있는 것으로 추정했고, 2030년에는 최대 300개의 핵무기를 보유할 수 있을 것으로 전망했다.

미국의 실패한 북핵 정책

브루킹스 연구소의 분석에 따르면, 30년간의 북한 핵 외교 실패로 인해 미국 관리들은 북한과 핵 협상에 깊은 회의를 느끼고 있다. 9.11 테러라는 전대미문의 공격을 받은 부시 정권의 안보 전략은 미국 본토 수호와 평화 보존 및 확장이었다. 9.11 테러 이후에는 비슷한 수준의 전략 핵전력을 보유한 초강대국 대신 대량살상무기를 보유한 불량국가, 테러 집단을 후원하는 지역 강대국, 극단주의 테러

세력에 대한 대응과 억제를 미국 안보의 최우선 과제로 삼았다.

부시 정권은 출범과 동시에 새로운 대북정책 가이드라인을 소개했다. 북한의 핵 활동과 제네바 합의 이행, 북한 미사일 프로그램뿐만 아니라 재래식 군사력의 축소까지 포함하는 것이었다. 이를 달성하기 위해 우선 북한이 개방과 같은 변화를 선택하면 미·북 관계 개선을 포함한 개입 정책을 추진하는 전략을 세웠다. 또 클린턴 정권이 북한의 벼랑 끝 전술에 끌려다녔다고 인식을 한 부시 정권은 각 분야에서 북한과 철저한 상호주의가 필요하다는 입장이었다. 마지막으로 북한의 핵 프로그램이나 미사일 문제 해결에 있어서 실질적인 검증을 시행하는 등 대북 관계에서 검증 절차를 강화하겠다는 점을 밝혔다.

2002년 1월 부시 당시 대통령은 국정연설에서 북한을 '악의 축(Axis of Evil)'이라고 표현했고, 북한이 더 이상 핵을 포함한 대량살상무기를 개발하지 못하도록 단호히 행동할 것이라 강조했다. 북한의 핵 프로그램을 '완전하고 검증 가능하며 되돌릴 수 없는 해체(CVID; Complete, Verifiable, Irreversible Dismantlement)'를 목표로 정했다.

시간이 지나면서 부시 행정부의 이 같은 대북 강경노선은 북한의 핵실험 이후 온건 노선으로 바뀌게 된다. 이 시기 부시 정권은 사실상 실표로 돌아간 이라크 전쟁 탓에 여론의 비난을 받고 있었다. 북핵 문제와 관련해서도 클린턴 행정부의 대북정책을 비판했으면서도 북한의 핵실험을 막지 못하였고 북한의 핵무장만 증강해 줬다는 지적을 받았다.

오바마 행정부의 대북정책은 대화와 제재를 병행하는 투트랙 성격을 띠었다. 오바마 정권은 부시 정권의 북한 핵 개발 방지에 실패한 원인이 강압 중심의 대북정책으로 인식했다. 오바마 정부는 북핵 문제를 해결하는 방법으로 조건 없는 대화를 통한 직접 외교를 강조했다. 이처럼 북한과의 대화를 강조한 오바마 행정부는 대북 전략으로서 '새로운 포괄적 접근 전략(a new comprehensive approach)'을 제시했다. 포괄적 접근이란 북한 핵 프로그램의 폐기의 목표를 넘어서 북한 문제 해결을 위한 일관성 있고 장기적인 협상을 뜻했다.

오바마 행정부는 스티븐 보즈워스(Stephen Bosworth)를 대북정책 특별대표로 임명해 북한에 특사 파견을 제의했으나 북한은 이를 무시하고 2009년 4월 장거리 미사일 발사와 5월 2차 핵실험을 단행했다. 오바마 행정부는 이를 계기로 미북 대화의 필요성을 재검토하면서 「유엔 안보리 결의안 1874호」와 같은 경제제재를 바탕으로 하는 대북 봉쇄정책으로 전략 방향을 선환했다.

오바마 행정부는 강경 기조를 띠면서도 대화의 끈을 놓지 않았다. 오바마 행정부는 북한에 미국의 대화를 향한 의지를 확인시키면서 결국에는 북한 스스로 대화의 장으로 유도하는 '전략적 인내(strategic patience)' 정책을 펼치게 됐다. 2010년 3월 천안함 사건과 11월 연평도 포격 사건으로 오바마 정부의 대북 봉쇄정책은 강화됐지만, 대북정책의 큰 틀이었던 대화 중심 정책은 변화가 없었다. 2011년 10월 북한과의 식량 지원을 위한 대화를 통해 미·북 고위급회담과 6자회담 재개를 위한 합의를 이뤘다. 그러나 북한이 미국과 주변국의 압박과 경고에도 불구하고 2012년 4월 장거리 미사일을 발사하자 오바마 행정부는 24만 톤의 대북 식량 지원을 철회하면서 북한에 대해 제재를 강화했다.

바이든 행정부는 출범 이후 약 100일에 걸쳐 대북정책을 전면적으로 재검토했다. 바이든 행정부의 대북정책은 한반도의 완전한 비핵화를 목표로, 압박과 관여를 병행해 단계적으로 북한의 핵 능력을 감소시키는 것이 핵심이다. 트럼프 행정부의 '일괄타결(grand bargain)' 방식과 오바마 행정부가 추진했던 '전략적 인내(strategic patience)'를 절충한 방식인 셈이다. 이러한 대북 접근법의 배경은 강화된 대북 제재 속에서도 북한의 핵 능력이 고도화 및 전문화됐으며, 향상된 북한 핵 능력을 고려할 때 북한이 핵을 포기할 가능성은 매우 낮으므로 보다 현실적으로 북핵 문제를 해결해야 한다는 인식에서 출발했다. 결과는 미·북 교착 상태의 지속이었다. 2019년 하노이 정상회담 이후 양국 간 냉랭한 관계는 우크라이나 전쟁, 중국 견제, 이란 핵 합의 복원 등에 밀려 바이든 행정부의 대외정책 우선순위에서 제외된 탓이다.

바이든 정부 말 북핵 문제는 이제 전 세계적 문제로 부상했다. 바로 북한이 우크라이나와 전쟁 중인 러시아를 지원하기 위한 파병을 결정했기 때문이다. 볼로디미르 젤렌스키 우크라이나 대통령은 북한이 러시아에 파병을 준비한다는 정보가 있다고 밝히면서 "세계대전을 향한 첫 단계"라고 주장했다. 국가정보원도 북한의 러시아 파병을 확인했다고 밝혔다.

김정은이 전격적으로 파병을 한 배경에는 트럼프 당선인이 다시 집권할 것으로 봤기 때문이라는 분석이 제기된다. 트럼프 당선인은 대선에서 승리하면 2025년 1월 취임 전에 우크라이나 전쟁을 끝낼 것이라고 공언했다. 이에 김정은은 우크라이나 침략 전쟁의 '조기 종전'을 예상하고 북한에 대한 러시아의 부채 의식을 키우고자 승부수를 던졌다는 것이다.

　　북한은 러시아로부터 군사정찰위성 기술뿐 아니라 대륙간탄도미사일(ICBM)의 대기권 재진입 기술과 전략핵잠수함(SSBN) 건조 등을 파병에 대한 반대급부를 얻으려 할 수 있다. 브루스 클링너(Bruce Klingner) 미국 헤리티지재단 선임연구원은 최근 미국의 소리(VOA) 방송에 "북한의 러시아 전쟁에 대한 기여가 늘어남으로써 러시아가 북

북한이 당 창건일 열병식서 신형 ICBM을 공개하였다.

한의 개입에 대한 대가로 더 많은 것을 지불해야 할 것"이라며 "앞서 러시아가 특정 유형의 민감한 군사 기술을 제공하는 데 주저했다면, 이제는 북한이 병력까지 지원하는 상황에서 앞으로 얼마나 더 지원할지 알 수 없다"고 말했다. 북한이 러시아의 지원으로 ICBM 완성과 정찰위성을 보유할 경우 한미 연합군 움직임을 실시간으로 관찰할 수 있다. 또 완성된 ICBM으로 미국 본토를 타격할 능력을 갖출 경우 한국에 대한 미국 핵우산의 효과가 떨어질 것이 자명하다. 북한은 러시아로부터 한반도 유사시 러시아군의 직접 개입을 약속받을 수 있다.

김정은이 하노이 회담 실패 이후 미국과 대화는 완전히 단념하고 블라디미르 푸틴 러시아 대통령과 손을 잡는 길을 택한다면 트럼프 당선인이 자신만만하게 외친 톱다운 방식의 대화가 어려워질 가능성도 배제하지 못한다. 이런 경우 트럼프 당선인은 첫 번째 임기 초반에 보여준 강압적인 방법을 다시 택할 수 있다.

트럼프 1기 행정부는 '최대 압박과 관여'의 대북정책을 정립했고, 이를 토대로 강압 외교를 펼쳤다. 2017년 4월 8일 북한을 압박하기 위해 칼빈슨 항모전단(CVN-70) 등 전략무기를 동북아 지역에 배치했다. 이 당시 미국과 북한의 군사적 충돌이 일어날 수 있다는 4월 위기설까지 나돌았다. 북한의 군사적 도발에 군사적으로 대응하는 전략을 취했다. 계속되는 미사일 실험 등 도발을 이어가는 북한에 대응해 B-1B 전략폭격기, F-35B 스텔스 전투기를 동원해 폭격 훈련을 시행했다. 트럼프 당시 대통령은 급기야 "북한이 도발을 멈추지 않는다면 '화염과 분노(fire and fury)'에 직면하게 될 것"이라고 경고하기도 했다. 미국의 이전 정부들이 적극적으로 취하지 않았던 군사적 강압 방법을 통해 김정은을 회담 테이블로 나오게 했다.

문제는 회담이 결국 실패로 돌아갔고, 김정은에게는 러시아라는 큰 뒷배가 생긴 점이 트럼프 1기와 2기의 가장 큰 차이다. 아울러 우크라이나 전쟁과 가자지구 전쟁 등 두 개의 전쟁을 통해 글로벌 영향력이 감소한 미국을 상대로 북한이 더욱 강경한 태도를 보이게 될 경우 예상치 못한 위기 상황으로 전개될 수 있다.

동맹 파트너 전략

인도-태평양에서
방위 역량 커지는 한국과 일본

인도-태평양 개념의 등장과 부상

인도-태평양은 2010년대 들어 본격적으로 부상한 지역어이자 전략 개념이다. 인도양과 태평양을 하나의 전략 공간으로 보는 개념은 20세기 초부터 있었지만, 특정 국가들의 구체적 전략 대상이 된 것은 2000년대 중반 이후부터였다. 인도양과 태평양을 연결하는 광대한 이 지역은 현재 세계 인구의 65%, GDP의 60% 이상을 차지하며 전 세계 해상 운송의 절반이 통과한다.

인도-태평양은 기존의 아시아-태평양과 비교하면 인도와 동남아 일대 해양이 부각되는 공간이다. 따라서 두 대양에 접해 있거나 여기 걸려 있는 전략적 이익이 자국의 국익과 부합하는 국가들은 이 용어에 깊은 관심을 표명해 왔다.

인도-태평양이 지역 질서 건축의 중심 개념으로 떠오르게 된 것

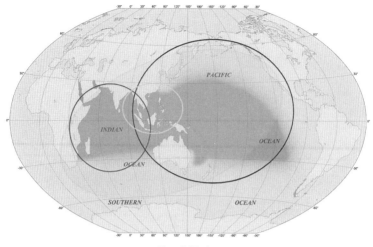

인도-태평양 지도

인태지역의 중요성

인태 지역 인구	인태 지역 GDP	인태 무역	인태 지역 해양 운송
65%	62%	46%	50%

■ 인태지역   그 외 지역

대한민국과 인태지역

한국 수출액	한국 수입액	한국의 교역 파트너	한국의 해외직접투자
78%	67%	70%	66%

■ 인태지역   그 외 지역

자료=Journal of Economic Structures, 한국수출입은행, 관세청

은 무엇보다 미국이 이를 전면적으로 수용했기 때문이다. 다만, 이 개념을 처음 제시한 것은 일본과 호주였다. 특히 2006년 처음 총리 직에 오른 당시 일본 아베 신조 총리는 '자유롭고 열린 인도-태평양 (FOIP, Free and Open Indo-Pacific)'의 중요성을 강조하면서 국제사회의 호응을 이끌어내려 했다.

2007년 인도를 방문한 아베 총리는 의회 연설에서 인도양과 태평양을 하나로 묶는 개념을 제시했다. 중국과 국경분쟁이 있는 인도는 안 그래도 중국이 '일대일로'의 일환으로 인도양에 진출하려는 것을 매우 경계하고 있어 여기 적극 호응했다.

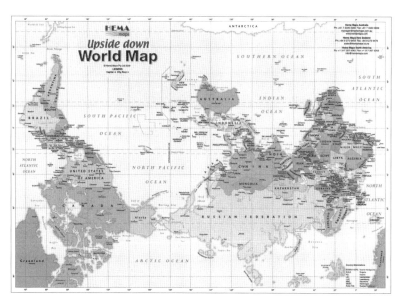

2010년대 초 퍼지기 시작한 거꾸로된 세계지도. 대륙에서 해양중심으로 세계를 보게 만든다. 인도·태평양과 한반도가 지도 가운데 위치해 있다.

하지만 호주, 인도와는 달리 당시 미국 오바마 정부의 반응은 미지근했다. 그러다 2017년 도널드 트럼프 1기 정부가 오바마 정부의 '아태 재균형 정책'을 대체해 '자유롭고 열린 인도-태평양 정책'을 채택했다. 이때 집권 중이던 아베 총리는 트럼프가 당선자 신분일 때 외국 정상들 중 가장 먼저 달려가 회동했고, 이 자리에서 인도-태평양의 중요성에 대해 강하게 설파했다고 알려져 있다.

인도-태평양 정책 채택 후 트럼프의 미국은 공식 문서용어는 물론, 하와이주둔 미군의 명칭도 태평양군에서 인도-태평양군으로 바꿨다. 4자간 안보협의체 '쿼드'가 재가동 된 것도 이때였다. 현재 인도-태평양 개념을 의도적으로 쓰지 않는 국가는 중국, 러시아, 북한 정도뿐이다.

바이든 정부도 인도-태평양 전략을 외교 및 안보 정책의 중심축으로 삼고 중국 팽창 억제에 집중해 왔다. 바이든 정부 때 전략도 트럼프 1기 내 추진했던 인도-태평양 전략을 이느 정도 계승했다. 다만 다자주의, 동맹 강화, 규칙 기반 질서 유지에 훨씬 더 중점을 뒀을 뿐이다.

인도-태평양은 이제 미국의 글로벌 안보 전략에서 핵심적 위치를 차지하게 됐다. 미국 국무부는 인도-태평양을 "지구상에서 가장 역동적이고 빠르게 성장하는 지역으로 미국의 미래 안보와 번영에 핵심적인 원동력"이라고 명시하고 있다.

미국 우선, 다자축소, 디커플링

바이든 민주당 정부의 인도-태평양 전략은 '디리스킹'이라는 중국에 대한 선별적 봉쇄를 위해 다층적 외교채널과 견제수단을 확보하려는 전략체계였다. 바이든 정부는 중국에 대해 트럼프 1기의 '디커플링(탈동조화)'에서 '디리스킹(위험제거)'으로 전환하며 인도-태평양 전략을 확대했다. 중국에 대한 의존도를 낮춰가는 디리스킹이 추구하는 중국과의 선별적 단절은 디커플링이 목표로 하는 포괄적 단절과 달리 미국의 역할과 활동 증대를 요구했다.

트럼프 2기 행정부 출범과 함께 미국의 외교 안보 정책은 다시 중요한 전환점을 맞이하게 됐다.

트럼프 당선자는 과거 4년의 임기 동안 '미국 우선주의(America First)'를 내걸고 국제 질서를 근본적으로 뒤흔들었다. 이런 그가 재집권하면서 민주당 정권 때 정책의 많은 부분들이 180도 바뀔 것으로 계속 관측됐다.

미국의 인도-태평양 전략을 처음으로 본격 가동했던 트럼프 당선자는 1기 당시 중국 내 생산공장 건설 및 운영에 제동을 걸고, 중국산 제품에 대한 관세를 인상하여 '고립주의'적 대중 정책을 추구했다. 파리기후협약 탈퇴를 선언하고 유럽 동맹들을 상대로 방위비 분담 증액을 요구하며 나토를 탈퇴할 수 있다고 으름장을 놨다. 뿐만 아니라 주한미군 축소 및 철수 의지를 밝히는 등 핵심 동맹들에 대한 대외활동마저 줄이고자 했다.

따라서 트럼프 당선자는 이번에도 동맹국들에게 더 많은 책임을

2022년 7월 'America First Agenda Summit'에서 연설중인 트럼프 당선자.

부여하고 미국의 군사적 자립성을 강화하려 할 것으로 예측해 볼 수 있다. 기본적으로 트럼프 당선자는 바이든 대통령이 복원을 추진했던 미국의 글로벌 리더십 확장을 축소하려 할 가능성이 농후하다.

트럼프 당선자는 국제 제도나 협약에 의해 미국의 대외적 자율성이 제한받는 것을 거부한다. 이는 글로벌리즘과 세계화로 인해 미국이 정치적으로나 경제적으로 손해를 입었다는 판단에 근거한다. 실제로 트럼프 당선자는 유엔이나 나토와 같은 기구에서의 결정이 미국의 주권에 반할 수 있다는 점을 우려하는데, 특히 나토의 경우 유럽 회원국 각자 방위력 증강에 소홀한 결과 미국의 안보도 위협받게 되었다고 생각한다.

민주당과 공화당의 안보 공약 비교

구분	민주당	공화당
정책 기조	미국의 리더십 회복	미국 우선주의
동맹 관계	전통적 관점의 동맹 동맹 및 파트너 국가들과의 협력 강화 NATO 중시 인도-태평양 지역의 소다자 협력 강조	거래적 관점의 동맹 해외주둔 미군 감축 NATO 탈퇴 동맹국의 방위 분담금 증액 요구
대(對) 한반도	한반도의 완전한 비핵화 한미동맹을 바탕으로 확장 억제력 강화 미·북관계: 바텀 업(Bottom-up) 협상 북한 인권 존중	북한의 핵 보유 불응 미·북관계: 톱 다운(Top-down)협상 북한 인권 무관심
대(對) 중국	중국은 미국의 최대 '전략적 경쟁자' 동맹 및 파트너 국가들과 협력을 통한 견제	중국을 미극의 전체주의적 적으로 규정 중국과의 탈동조화(Decoupling)
대(對) 우크라이나 이스라엘	우크라이나에 대한 지속인 안보 지원 이스라엘 지원, 휴전 협정 중재	우크라이나에 대한 안보 지원 반대 친 이스라엘 정책 강화
국방력 강화	핵무기 및 미사일 방어 체계 현대화 동맹과의 협력을 통한 집단 안보 강화	미국의 대 중국 군사력 집중과 동맹의 재래식 억제 전담, 핵무기 및 미사일 방어 체계 증강

이 같은 배경에서 다자협력체들의 중요도 역시 줄어들 공산이 있다. 거래적(transactional) 관점에서 동맹국들에게 더 많은 책임분담을 요구했던 트럼프 당선자는 1기 재임 때뿐 아니라 이번 선거유세 과정에서도 한국, 일본 등에 분담금을 더 지불하지 않으면 미군을 감축 혹은 철수시키겠다고 언급한 바 있다.

동맹국에 대한 미국의 지원과 협력이 축소되는 경우, 상대국가들의 양국 혹은 다자협력체에 대한 헌신(commitment) 역시 힘을 발휘하기 어렵게 된다. 다자간 협력은 서로의 헌신에 대한 신뢰(trust)를 기초로 존속하기 때문에, 현존하는 미국 중심의 인도-태평양 지역 다

도널드 트럼프 전 대통령이 2019년 1월 시진핑 중국 국가주석과 만나 미·중 1단계 무역합의에 서명했다.

자협력체들이 제 기능을 발휘하지 못하게 될 수 있다. 이에 따라 과거보다 역내 소다자 협력도 약화될 것이라는 예측이 존재한다.

다만 한편으로 AP4, 쿼드, 한·미·일 협력 등의 소다자 협의체의 경우 역내 '안보 질서 아키텍처' 차원이 아닌 역외균형과 미국 방위산업의 회복력 차원에서 그 중요성을 강조한다면 유지가 가능할 것이라는 긍정적 시각도 있다.

인도-태평양 전략의 중심인 미국의 대중 정책은 과거 트럼프 1기 때 '디커플링'에 보다 가깝게 회귀할 것으로 예상된다. 트럼프 당선자는 과거 "중국은 미국의 전체주의적 적이지 전략적 파트너나 공정한 경쟁자가 아니다"라고 규정한 바 있다. 중국에 대한 강력한 경제제재와 대중 외교 관계의 재조정을 추구하며, 특히 중국과의 무역 및 경제적 관계에서 미국의 이익을 극대화하려 할 것이다. 대선 이

전부터 많은 전문가들은 누가 승리하든 미·중 간 기술 전쟁에 있어서는 지금보다 한층 가열될 것이라고 입을 모아왔다.

다만, 인도-태평양 전략의 경우 전반적으로 미국의 다른 정책들만큼 바이든 행정부와 비교했을 때 트럼프 2기 행정부의 정책적 진폭이 크진 않을 것으로 보인다. 일단 미국의 인도-태평양 전략 자체가 트럼프 1기 때 본격 가동됐다. 트럼프 1기는 미국 정부로서는 최초로 인도-태평양 전략 보고서를 공개하고 이 지역에 대한 우선순위를 설정했으며, 중국과의 강대국 경쟁 차원의 정책을 다수 마련했다.

때문에 트럼프 당선자 자신이 이 정책에 대해 저작권을 갖고 있다고 생각할 것이다. 따라서 인도-태평양 전략의 경우 전략 자체가 폐기되는 일은 없을 것이고, 방향이 180도 뒤집힐 가능성도 낮다.

공화당의 '2024 정책강령'과 인도-태평양 전략

공화당은 지난 7월 전당대회에서 '2024 정책강령'을 채택해 공개했다. 미국 대선 연도에 채택되는 정당의 정강정책은 기본적으로 그 정당 대선후보의 공약집 역할을 한다. 공화당은 정강정책을 통해 과거 트럼프 1기 행정부가 거둔 주요 정책들의 성과를 홍보하면서, 2기 행정부가 추구할 비전 및 정책 방향에 대해서도 소개했다. 이를 통해 대외정책에 해당되는 인도-태평양 전략을 트럼프 당선자가 어떻게 운용해 나갈 것인지 엿볼 수 있다.

기본적으로 공화당은 정강의 서문에서 "아메리카 퍼스트, 상식으로의 회귀'라는 구호를 내세우고 있다. 이어 외교안보 정책과 관련해서 "인도-태평양 지역에서는 강력하게 주권을 갖고 독립된 국가들을 지지하며 평화와 통상을 통한 번영을 구축한다"고 밝히고 있다.

중국을 직접 거론하지는 않았지만, 동중국해, 남중국해에서 항행의 자유, 규칙 기반 질서 등 자유주의 질서를 전복시키려는 패권주의, 일방주의에 민주당 행정부 때보다 더 강력하게 대응할 것이란 점을 시사한다.

통상과 관련해서는 다음과 같이 적시하고 있다.

- '미국 제일'의 통상정책을 관철한다. 교활한 국가에 맞서 미국 내 생산자를 우선시한다. 중요 공급망을 국내로 되돌린다.
- 일률적 관세를 도입해 무역적자를 축소한다. 관세를 인상함으로써 미국인과 미국 기업의 세 부담을 줄인다.

- 중국의 최혜국대우(MFN)를 취소한다. 중국으로부터의 필수품의 수입을 단계적으로 폐지한다.
- 중국에 의한 미국 부동산이나 미국 산업의 매수를 저지한다.

한국의 방위 역량 강화

한국의 인도-태평양에 대한 관여는 주요국들과 비교할 때 상대적으로 늦은 편이다. 한반도 평화 프로세스를 최우선으로 추진했던 문재인 정부 시기 한국은 인도-태평양에 대해서는 신중한 입장이었다. 문재인 정부는 아세안과 인도를 겨냥한 신남방 정책과 미국의 인도-태평양 전략 간 연계 협력을 제시했지만, 인도-태평양을 독자적 전략 공간으로 간주하지는 않았다. 문재인 정부가 인도-태평양에 대해 전략적 모호성으로 일관한 것은 대중국 견제의 성격을 갖는다고 보았기 때문이다.

하지만 윤석열 정부 출범과 함께 한국은 2022년 '자유, 평화, 번영의 인도-태평양 전략'을 발표하며 인도-태평양에 본격 관여하기 시작했다. 특히 윤석열 정부 이후 한국은 이전과 달리 인도-태평양 경제 프레임워크(IPEF)와 같은 경제 협력뿐 아니라, 군사적 방위 협력에도 적극성을 보이고 있는 점이 특징이다. 동시에 한·미·일 3자 안보 협력에도 적극적인 태도를 보여 왔다. 이러한 협력은 해양 안보와 자유항행을 보호하기 위한 공조 체제로 발전하고 있으며, 중국의 군사적 팽창과 북한의 핵 및 미사일 위협에 대응하기 위한 다각적 노력으로 이어지고 있다. 이와 관련된 주요 요소들을 다음과 같이 분류해 정리할 수 있다.

1. 확장 억지력 강화

한국은 한미 동맹을 외교 안보의 중심축으로 두고, 이를 인도-태평양 전략에서 핵심으로 삼고 있다. 특히, 윤 대통령은 2022년 5월 바이든 대통령의 방한 당시 확장 억지를 재확인, 미국과의 안보 협력 강화에 주력했다. 확장 억지는 미국이 한국에 제공하는 핵우산과 같은 방어 전략을 의미하며, 이는 북한의 핵 및 미사일 위협에 대한 대응력을 강화하는 핵심적인 방위력 요소다.

2. 미사일 방어 시스템 운용 및 군사적 자율성 확대

한국은 미국과의 협력을 통해 사드(THAAD, 고고도 미사일 방어 체계)와 같은 미사일 방어 시스템을 운영하고 있다. 또한, 자체 방위 능력 증강을 위해 KF-21 보라매 전투기 개발과 같은 프로젝트를 추진하고 있으며, 핵잠수함 도입을 검토하는 등 해양 방위 역량도 강화하고 있다.

최근 방위 산업 분야에서 괄목할 만한 발전을 이룬 한국은 방위 산업의 자립도와 기술 수준을 높이기 위해 지속적 투자를 하고 있다. 이는 미국과의 협력하에 더욱 가속화되고 있으며, 단순히 자국

을 위한 것을 넘어, 역내 협력 국가들에 중요한 안보수단을 제공할
수 있는 역량을 갖춰가고 있다.

3. 아세안 등과의 다자 안보 협력 강화

윤석열 정부는 출범과 함께 '한-아세안 연대 구상(KASI, Korea-
ASEAN Solidarity Initiative)'을 제시했다. 아세안을 중심으로 한 인도-태
평양 전략의 일환으로, 아세안 국가들과의 경제, 외교, 안보적 다자
협력 확대를 위해 마련된 것이다. KASI는 아세안과의 관계를 단순한
경제 협력에서 벗어나, 지속 가능한 발전, 디지털 전환, 보건, 그리고
인적 교류 등 다양한 분야에서 협력을 확대하고 강화하는 것을 목표
로 한다. 특히 기후변화, 에너지 전환, 해양 안보와 같은 글로벌 이슈
에서 전략 협력을 강화해 지역 안정과 번영을 도모하는 것을 중요한
축으로 삼고 있다.

4. 안보와 경제의 통합

한국은 인도-태평양 지역에서의 경제적 리더십을 발휘하고 이를
안보 협력과 통합하려 하고 있다. 대표적인 것이 '인도-태평양 경제
프레임워크(IPEF)' 참여다. 이를 통해 한국은 공급망 안정화와 첨단
기술 개발을 추진함으로써 경제 안보를 확보하려고 한다. IPEF는 청
정에너지, 디지털 경제, 무역 협력 등 다양한 분야의 다자간 경제 협
력체로, 한국은 관련국 간 경제 협력을 확장하는 동시에 중국 의존
도를 줄이려 하고 있다.

2020년 인도를 방문한 트럼프 당선자와 나렌드라 모디 인도 총리.

많은 우려가 있지만, 한국 정부의 노력에 따라 트럼프 2기 때도 한미 동맹의 내구성은 어느 정도 유지될 것으로 관측된다. 방위비 분담금 압박에도 불구하고 대중국 견제 및 미국의 역내 리더십 유지를 위한 한미 간 안보, 경제, 기술 협력의 중요성은 주변 참모들은 물론 트럼프 당선자도 공감할 것으로 보이기 때문이다.

눈에 잘 보이지 않는 동맹의 가치를 생각하기보다 계산기를 두드리는데 능숙한 그이지만, 거래적 관점을 충족한다면 오히려 바이든 정부 때 얻을 수 없었던 성과를 낼 수 있는 여지도 존재한다.

북핵 문제에 대해서는 지난 9월 세종열린포럼에서 김태효 국가안보실 1차장은 "트럼프 후보가 재집권할 경우 트럼프 당선자는 여전히 북한과의 정상회담 욕심을 낼 수도 있지만 '하노이 노딜'로 인해 과거와 같은 협상은 하지 않을 것"이라고 전망했다.

일본의 전략 배경과 전개

일본은 동아시아에서 세력구조 변화에 가장 먼저 또 민감하게 반응한 국가다. 일본은 동아시아라는 전략 공간을 한·중·일과 아세안 10개국으로만 한정할 경우 중국에 대응하기 어렵다고 판단하고 인도, 호주, 뉴질랜드를 포함한 확대된 공간구상을 제시했다. 정체성의 요소로 자유, 민주, 법치, 인권, 시장경제 등을 동원한 이유도 이러한 가치를 공유하는 국가들을 편입시켜 이를 정당화하기 위한 것이었다.

2012년 5년 만에 재집권한 아베 총리는 1차 내각 이후 이어지지 못했던 일본의 인도-태평양 개념을 복원했다. 아베는 미국, 호주, 인도와 함께 4개국이 인도양에서 서태평양에 이르는 해역안보를 추구하는 소위 '다이아몬드 안보 협력' 구상을 밝혔다. 동중국해와 남중

한국판 인태전략 지역별 키워드

일본	미래지향적 협력 관계
중국	인태 지역 번영·평화 달성 위한 주요 협력국
캐나다	가치 공유하는 포괄적 전략 동반자
아세안	평화·공동 번영 위한 주요 파트너
태평양도서국	실질 수요 기반한 협력 확대
인도양 연안 아프리카	아프리카, 중동으로 나아가는 전략적 요충지
유럽	가치외교 파트너십
중남미	경제안보 교역 증진

국해에서 중국의 해양진출이 '항행의 자유'를 위협하고 있다는 경계감을 표출함과 동시에 이 공간의 공통 가치를 수호하고 안보를 강화하자는 제안이었다.

그 배경에는 중국의 부상과 일본의 쇠퇴, 미국의 영향력 축소가 자리했다. 주지하다시피 일본은 2011년을 기점으로 세계 경제 2위 자리를 중국에 내줬다. 여기에 2010년과 2012년 중국과 센카쿠 열도(중국명 댜오위다오)분쟁은 일본에 적지 않은 안보 충격을 줬다. 이 같은 경험들은 아베뿐 아니라 일본 보수진영으로 하여금 미·일 동맹 강화와 함께 일본이 자체적으로 더 적극적인 안보 전략을 추진해야 할 필요성을 인식하게 만들었다. 이것이 일본이 주장해온 적극적 평화주의 등장의 배경이다.

2013년 아베 내각은 최초로 '국가안보전략'을 발표하고 '법의 지배'에 기반해 '열려있고 안정된 해양 질서'의 유지, 발전을 향해 주도적 역할을 발휘해 나갈 것임을 천명했다. 또한 같은 해 「방위계획대강」을 개정해 미·일 동맹 강화와 자위력 증진뿐 아니라 일본 주변 이외 해역에서 양자·다자간 안보 협력을 적극 추진해 방위력 발휘를 위한 기반을 확립한다고 명시했다. 이러한 일본의 안보 전략은 시진핑 주석이 '일대일로'로 더욱 공세적인 대외정책을 추구하면서 확장되는 양상을 띠어왔다. 2016년 아프리카 개발 회의에서 아베 총리는 '자유롭고 개방된 인도-태평양 전략'이란 제목의 기조연설에서 일본에 인도-태평양 지역의 개념이 태평양과 인도양뿐 아니라 아프리카 대륙까지 이른다고 시사했다.

일본의 인도-태평양 전략은 미국과 함께 중국의 군사적, 경제적 영향력을 억제하는 것이 핵심이다. 일본은 지난해 안보 3대 문서 개정을 통해 향후 5년 내 방위비를 GDP의 2%까지 늘리고 적 기지 반격이 가능한 군사력을 확보한다는 방침을 확정했다. 미·일 정상회담에서 바이든 대통령은 일본의 이 같은 결정에 전폭 지지를 보냈다. 미국 뉴욕타임즈(NYT)는 "양국이 중국에 대응하기 위해 일본의 군사 강국 탈바꿈에 힘을 모으기로 했다"고 평가했다.

트럼프 정부 역시 중국의 팽창을 저지하는 데 중점을 둘 것이고, 미·일 안보 협력은 더욱 심화될 것이다. 앞서 언급했듯, 일본 정부는 현 이시바 시게루 내각 이전부터 방위비 증액을 추진해 왔다. 일본

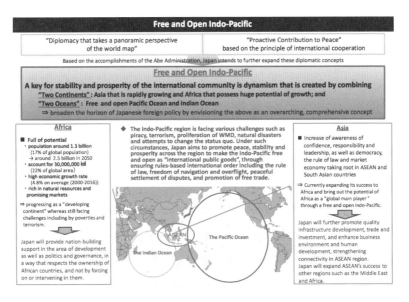

일본의 '자유롭고 개방적인 인도-태평양' 전략.

윤석열 대통령은 미국의 조 바이든 대통령, 일본의 기시다 후미오 총리와 함께 미국에서 한·미·일 정상회담을 가졌다.

은 2027년까지 5년간 43조 엔(약 394조 원) 규모의 방위 예산을 투입해 자위대 현대화를 추진할 계획이며, 트럼프의 미국 역시 이러한 일본의 움직임을 강력하게 지지할 것이 분명하다.

이 과정에서 일본은 미·일 동맹을 더욱 강화하는 선에서 그치는 게 아니라, 자국의 독립적 방위 능력을 증대시키려 할 것이다. 방위력의 자율성을 강조하고 있는 이시바 총리는 미·일 안보협정까지 개정해 미국과 대등한 위치에 서려 할 수 있다. 이는 일본이 자국의 방위 능력을 증대시키고 인도-태평양에서 자위대의 활동 범위를 확장하는 방향으로 빠르게 나아가게 될 것이란 점을 시사한다.

특히, 방위상 출신으로 '안보통'으로 유명한 이시바 총리는 취임 전 '아시아판 나토'와 같은 집단 안보 협력 체제의 창설을 주장해 왔다. 취임 후 국내외에서 현실성이 없다는 비판에 직면해 왔지만, 트럼프 당선자가 다자주의와 결별해 일방주의 노선을 추진할 것으로 관측되면서 이 같은 구상이 탄력을 받을 가능성이 높아졌다.

현재 이시바 총리는 '국가안보 기본법'을 제정해 일본의 방위 정책을 더욱 구체화하려 하고 있다. 이는 헌법 개정 논의를 재점화할 수 있으며, 일본이 자위대의 역할을 확대하려는 움직임과 맞물린다. 트럼프 당선자가 이에 대해 어떻게 반응할지 주목해야 하는 상황인데, 일본의 자주방위 지지는 헌법 개정 문제에 대해서도 전향적 지지를 할 가능성이 있다. 전체적으로 이시바 일본의 인도-태평양 안보 전략은 미국과 협력하는 가운데, 보다 자율성을 높이고 역할을 확대하는 방향으로 빠르게 진행될 것으로 보인다.

한·일 전략 비교와 대중국 인식

한국과 일본은 미국과의 협력을 통해 인도-태평양에서 자체적인 방위 역량을 강화하고 있다. 특히 한국은 방위 산업에서 기술적 발전을 통해 독자적 군사 역량을 키우고 있으며, 일본은 헌법 개정을 통해 군사적 역할을 확대하려는 움직임을 보이고 있다.

한국과 일본의 인·태 전략은 기본적으로 자국을 '인도-태평양 국가'로 정의하고, 규칙 기반 국제 질서를 위해 주변국들과 협력해 평화롭고 번영하는 인도-태평양을 만들려 한다는 점에서 공통된다. 하지만 당연하게도 두 나라가 처한 지리, 경제, 외교적 환경과 역사적 경험에 따라 상당한 차이가 존재한다. 그중 하나가 바로 중국에 대

윤대통령이 2022년 11월 한·아세안 정상회의에서 자유롭고 평화로우며 번영하는 인도-태평양 지역을 만들자는 취지의 모두 발언을 하고 있다.

한 인식이다.

일본의 인도-태평양 전략은 처음부터 중국을 염두에 둔 대응 전략으로서의 성격이 강했다. 따라서 일본은 미국의 대중국 정책의 맥락에서 인도-태평양 전략에 협조하는 입장을 선명히 해왔다. 2022년 일본의 국가안보전략 문서는 중국을 "지금까지 없었던 최대의 전략적 도전"으로 규정했다. 2021년 4월 미·일 정상회담에서 미·일은 인도-태평양 지역에서 중국 견제의 필요성에 인식을 같이했다. 공동성명에서 "대만 해협의 평화와 안정"이라는 문구가 포함된 것은 대만 주변에서 유사사태 발생 시 일본의 관여를 염두에 둔 것이다.

미군과 자위대의 상호운용성, 공동 군사 작전의 확대 등 미·일 동맹의 일체화가 진행 중인 가운데, 대만 해협 유사 사태를 염두에 두고 일본 열도의 남서 방면에서 방어력 강화, 미군에 대한 후방지원, 공동 군사 연습 등이 추진돼왔다. 일본 정부는 경제 안보 관련 법규를 새롭게 도입하고 미국이 추진하는 중국 배제 공급망 재편과 첨단 기술 경쟁에 협조함으로써 자국의 산업 경쟁력 강화를 추구해 왔다.

한국의 인도-태평양 전략 문서는 중국을 "인도-태평양 지역의 번영과 평화를 달성하는 데 있어 주요 협력 국가"로 정의하고, 국제규범과 규칙에 입각하여 상호존중과 호혜를 기반으로 공동 이익을 추구하겠다고 기술하고 있다. 중국의 위협에 대해 직접적 언급은 피하고 있다. 이를 두고 한국이 최대 무역 상대국 중국과 동맹국인 미국 사이에서 신중한 균형을 추구하겠다는 의지의 표명으로 보는 시각도 있다.

다만 현재 한국의 인도-태평양 전략은 간접적으로 중국의 위협에 대응하려는 의지를 담고 있다. 역대 한국 정부는 중국의 해양 및 영유권 주장 등 일방적인 현상 변경 시도와 홍콩과 신장 위구르 자치구의 인권 침해에 대한 비판을 자제했다. 이에 비해 윤석열 정부의 인도-태평양 전략은 자유, 법치, 인권 등 보편적 가치가 도전받고 있음을 지적하고 이에 대해 "국제 사회와 함께 규탄하고 엄중히 대응할 것"이라고 기술했다. 그리고 "남중국해의 평화와 안정, 항행 및 상공 비행의 자유"가 존중되어야 하고 대만 해협의 평화와 안정이 "한반도의 평화와 안정에 중요하며 인도-태평양 지역 안보와 번영에 긴요함"을 재확인하고 있다.

자연재해가 촉발한 인도-태평양 협력체의 기원: '쿼드'의 탄생

2004년 쓰나미 당시 미 해병대가 구호품을 운반하고 있다.

2004년 12월 26일, 인도양에서 발생한 대규모 쓰나미는 20만 명이 넘는 목숨을 앗아간 끔찍한 재난이었다. 이 재난으로 인해 특히 심각한 피해를 입은 지역은 인도네시아, 태국, 인도 등이었는데, 세계 각국이 구호 활동에 나섰다. 이 과정에서 미국, 일본, 호주, 인도가 주도해 '쓰나미 핵심 그룹'을 결성하게 되었고, 이는 나중에 쿼드(Quad)로 발전하는 중요한 계기가 된다.

이 4개국의 협력 방식은 단순한 인도적 지원을 넘어, 군사적 협력을 바탕으로 이루어졌다. 미국 해군은 항공모함을 보내 구호물자를 지원했고, 일본은 자위대와 함께 구호 활동에 나섰다. 인도는 구조대를 파견해 피해 복구에 힘썼고, 호주는 의료 지원 등을 제공했다. 이 협력 경험은 단순히 일시적 재난 대응을 넘어서, 장기적 안보 협력의 가능성을 엿보게 했다.

그로부터 3년 후, 2007년 일본 아베 총리는 이 협력을 바탕으로 쿼드의 공식 출범을 주도하게 된다. 쿼드는 인도-태평양 지역에서 자유롭고 개방된 해양을 지키고, 법치를 수호하는 것을 목표로 했으며, 중국의 군사적 팽창을 견제하려는 목적도 있었다. 그러나 당시 쿼드는 인도의 신중한 태도와 호주의 국내 정치적 상황 등 각국의 정치, 경제적 이유로 오래 지속되지 못했고 사실상 중단됐다.

하지만 2010년대 중반, 중국의 남중국해 영유권 주장과 군사적 도발이 심화되면서 다시금 쿼드의 필요성이 대두됐다. 특히 중국의 인공 섬 건설과 이를 군사 기지로 활용하려는 시도는 미국과 동맹국들에게 위협으로 다가왔고, 2017년 미국을 중심으로 쿼드는 재출범하게 된다. 재출범은 보다 구체적인 안보 협력을 목표로 했다. 이전의 쓰나미 대응 경험이 군사적 협력의 시초였다면, 이때는 협력의 범위가 해양 안보와 경제적 번영을 보호하기 위한 공동의 노력이었다. 4개국은 각각의 독립적 이해관계 속에서도 인도-태평양 지역의 자유와 개방, 법치주의 수호라는 목표를 공유했다. 그리고 쿼드는 현재 단순한 대화 창구를 넘어, 실질적 안보 협력 기구로 발전하게 되었다.

쿼드의 재출범을 촉발한 제1요인은 역시 남중국해에서의 긴장 고조였다. 중국은 남중국해 대부분을 자국 영토라고 주장하며, 항행의 자유를 위협하고 있었다. 이에 대응해 미국은 항공모함을 파견해 '항행의 자유 작전(FONOPs)'을 수행했고 일본, 호주, 인도가 동참하며 연합 해상 훈련을 강화했다.

쿼드의 역사는 2004년 쓰나미라는 자연 재난에서 시작된 협력의 씨앗이, 시간이 흐른 뒤 지역 정세 변화를 밑거름으로 인도-태평양 지역 다자 안보와 경제 협력을 위한 기구로 자리 잡는 과정을 보여준다.

러-우 전쟁과 외교 전략

트럼프는 러-우 전쟁을
어떻게 계산하고 거래할까

도널드 트럼프 당선인은 "취임 첫날부터 우크라이나 문제를 해결할 수 있다"고 선거유세 내내 단언했다. 그러나 실상 어떻게 문제를 해결하겠다는 명확한 청사진은 제시한 적이 없다.

분명한 점은 트럼프 당선인이 우크라이나의 승리와 영토 회복보다는 미국의 돈이 추가로 우크라이나에 들어가는 것을 막는 것에 더 큰 관심을 갖고 있다는 것이다. 이를 위해 트럼프 당선인은 우크라이나가 영토를 일부 잃더라도 러시아와 정전 협상을 하고, 유럽의 북대서양조약기구(NATO, 나토) 동맹국들이 더 많은 방위비를 분담하기를 원하고 있다고 전문가들은 보고 있다.

호주의 대표적인 싱크탱크 그룹인 로이 연구소는 "미국의 우크라이나 지원 중단 발언, 충분한 지출을 하지 않는 나토 국가들에 대한 경고 등을 고려하면 트럼프가 어떻게 우크라이나 문제에 접근하는지에 대한 그림을 그릴 수 있다"라며 "트럼프의 백악관 복귀가 우크라이나 역학 관계에 가장 큰 영향을 미칠 것"이라고 전망했다.

우크라이나는 협상하고 양보하라

트럼프 당선인은 자신이 대통령이었다면 러시아가 우크라이나를 침공하지 않았을 것이며, 재선에 성공하면 하루 만에 우크라이나를 협상 테이블로 끌어들여 전쟁을 끝낼 수 있다고 선거유세 기간 내내 거듭 주장해 왔다.

그러나 어떻게 전쟁을 끝낼 수 있는지는 구체적으로 밝히지 않았는데, 이는 트럼프 선거 캠프의 우크라이나 관련 공약만 살펴봐도 알 수 있다. 해리스 부통령 선거 캠프가 홈페이지에 우크라이나 정책 관련 내용을 따로 빼서 중요하게 다룬 것과 달리, 트럼프 선거 캠프는 우크라이나 관련 정책을 별도로 언급하지 않았다. 오히려 우크라이나라는 단어 자체가 주요 공약에 들어가지 않았다. 단순히 총 20개 핵심 공약 중 8번째 공약에 "3차 세계대전을 막고, 유럽과 중동의 평화를 회복하며, 미국산 아이언돔 미사일 방어망을 구축한다"고 뭉뚱그려 적어놨을 뿐이다.

공약을 보다 구체적으로 적어놓은 '2024년 공화당 플랫폼, 미국을 다시 위대하게!' 문서 10장 내용도 마찬가지로 우크라이나 관련 세부 사항은 빠져있다. '힘을 통한 평화로의 귀환'이라는 제목의 이 장에서 트럼프 캠프는 바이든 행정부의 약한 외교정책이 미국을 덜 안전하게 만들어 전 세계의 웃음거리로 만들었다고 비난했다. 이어 공화당은 미국의 이익을 중심으로 외교정책을 추진할 것이며, 동맹국에 투자 의무를 이행하도록 함으로써 동맹을 강화할 것이라고 밝혔다. 우크라이나에 대해서는 직접 언급하는 대신 단순히 힘을 통해 유럽에 평화를 되찾겠다는 내용만 담았다. 우크라이나보다는 미국 이익이 더 중요하며, 동맹국이 돈을 더 내게 해 미국의 우크라이나 관련 지출을 줄이겠다는 취지라고 해석이 가능한 부분이다.

CBS는 전문가들이 트럼프 당선인의 지난 발언들을 근거로, 그가 취임 직후부터 우크라이나에 대한 지속적인 원조를 거부함으로써 우크라이나에 전쟁 종식 협상을 강요할 것으로 보고 있다고 분석했다.

트럼프 당선인은 나토 회원국에도 우크라이나 전쟁 비용을 더 내라고 요청하면서 협상 분위기를 만들 것으로 보인다. 미국이 나토에 소속돼 있는 것에 대해 의문을 거듭 제기해 온 트럼프 당선인은 당선 직전 나토 회원국들에게 방위비를 늘리지 않을 경우 러시아로부터 보호하지 않겠다고 경고한 바 있다.

구체적으로 트럼프 당선인의 과거 우크라이나 관련 발언을 살펴보면, 우선 지난 7월 볼로디미르 젤렌스키 우크라이나 대통령과 5년여 만에 다시 전화 통화를 한 직후 소셜미디어에 "내 대통령 재임 기간 우크라이나와 러시아가 함께 모여 폭력을 종식하고 번영으로 나아가는 길을 열어주는 협상을 할 수 있을 것"이라고 올렸다.

지난 9월 10일(이하 현지시간) 대선 토론에서는 트럼프 당선인은 우크라이나가 러시아와의 전쟁에서 승리하기를 원하느냐는 질문에 직답을 피하면서 "난 전쟁이 끝나기를 원한다"고 답해 양국 협상을 촉구했다. 그는 "전쟁이 끝나게 하는 것이 미국에 최선의 이익이라고 생각한다"라며 "(종전) 협상을 진행해야 한다"고 덧붙였다.

지난 9월 25일 남부 경합주인 노스캐롤라이나주 유세에서도 트럼프 당선인은 우크라이나가 전쟁을 끝내지 않고 있다고 비판하며 협상의 필요성을 강조했다고 미 정치전문매체《폴리티코》는 전했다.

트럼프 당선인은 2022년 전쟁 발발 직전 상황에서 우크라이나가 유혈 충돌을 피하기 위해 조금만 포기했어도 전쟁이 일어나지 않았을 것이라며 노골적으로 협상의 필요성을 강조했다고《폴리티코》는 보도했다.

그는 "우크라이나의 (파괴된) 도시와 마을, 죽은 사람들은 절대 대체할 수 없다"며 "(전쟁 직전) 어떤 거래든, 심지어 최악의 거래라도 지금 우리가 가진 것보다 더 좋았을 것"이라고 말했다. 이어 "우크라이나가 조금만 포기했다면 모두가 살았을 것"이라고 거듭 강조했다.

같은 달 29일 트럼프 당선인은 젤렌스키 대통령과 5년 만에 뉴욕 트럼프타워에서 만나 젤렌스키의 '승전 계획'을 들었지만 냉담한 반응을 보였다.

지난 10월 17일 트럼프 당선인은 한발 더 나아가 전쟁이 볼로디미르 젤렌스키 우크라이나 대통령 탓이라고 주장하며 협상을 종용하는 뉘앙스의 발언을 했다. 이날 공개된 패트릭 벳-데이비드(PBD) 팟캐스트와의 인터뷰에서 트럼프 당선인은 "젤렌스키 대통령이 전쟁을 시작하지 말았어야 했으며, 전쟁의 패배자"라고 말했다.

이는 러시아가 지난 2022년 2월 우크라이나를 침공한 이후 전쟁의 책임이 우크라이나 있다는 러시아의 주장을 되풀이한 것이라고 《폴리티코》는 해석했다. 《폴리티코》는 "(트럼프가) 침략자인 블라디미르 푸틴 러시아 대통령에 대한 '동정적 수사'의 패턴을 더욱 확대하고 있다"고 분석했다. 트럼프 당선인은 첫 번째 재임 기간 푸틴 대통령과 우호적인 관계를 유지했다. 또 지난 10월 15일 출간된 저널리스트 밥 우드워드(Bob Woodward)의 책 《전쟁(War)》에서는 트럼프 당선인이 대통령 재임 당시 코로나19 검사 키트를 비밀리에 푸틴에게 보냈으며, 대통령 퇴임 이후에도 최소 일곱 차례 통화했다는 내용이 폭로된 바 있다. 트럼프 당선인은 러시아가 우크라이나를 침공하기 전 우크라이나로부터의 분리를 주장하는 동부 친 러시아 지역 두 곳의 독립을 인정한 것에 대해 푸틴 대통령을 '재능있다'라고 칭찬했다.

트럼프 내각에서 유력한 국무장관 후보로 꼽히고 있는 루비오(Marco Rubio) 상원의원(플로리다)도 지난 9월 《폴리티코》와의 인터뷰에서 러시아-우크라이나 전쟁은 우크라이나의 승리에 기대기보다는 협상을 통해 끝내야 한다고 밝혔다. 그는 "나는 러시아 편에 서지 않지만, 안타깝게도 우크라이나 전쟁이 끝날 방식은 협상된 합의로 끝나는 것"이라고 말했다. 이어 "협상할 때가 되면 러시아보다 우크라이나가 협상에서 더 많은 영향력을 발휘하기를 원하고 있다"라며 "이는 트럼프도 원하고 있다고 믿는다"고 덧붙였다.

젤렌스키는 위대한 세일즈맨이다

트럼프 당선인이 러시아와 우크라이나의 협상을 종용하는 것은 미국의 돈이 우크라이나에 추가로 투입되는 것에 강한 거부감을 갖고 있기 때문이라고 전문가들은 지적했다.

워싱턴 싱크탱크 브루킹스 연구소는 트럼프 당선인이 지난 6월 유세 때부터 자신이 재집권하면 우크라이나에 대한 지원을 중단할 수도 있다고 말했다고 전했다.

그는 9월 노스캐롤라이나 유세에서도 "젤렌스키가 우리나라에 올 때마다 600억 달러(약 82조 원)를 들고 간다"라며 "그는 지구상에서 가장 위대한 세일즈맨일 것"이라고 비꼬았다. 이어 "우리는 (종전) 협상을 거부하는 젤렌스키에게 수십억 달러를 계속 기부하고 있다"고 비판했다.

재집권에 성공하면 우크라이나 지원을 중단하겠다는 뜻도 재차 내비쳤다. 트럼프 당선인은 "우크라이나는 미국 아이들을 보낼 때까지 만족하지 않을 것"이라며 "미국의 부모들은 자식이 우크라이나와 러시아 전쟁에 파병되는 걸 원치 않으며, 우리는 군인들이 바다 건너에서 죽는 것을 보지 않을 것"이라고 말했다.

지난 10월 PBD 팟캐스트와의 인터뷰에서도 트럼프 당선인은 "젤렌스키는 내가 본 최고의 세일즈맨 중 한 명"이라며 "그가 들어올 때마다 우리는 그에게 1,000억 달러(약 138조 원)를 준다"고 거듭 비난했다. 이어 "바이든 대통령이 그 전쟁을 선동했다"라며 "내가 대통령이었다면 전쟁은 일어나지 않았을 것"이라고 주장했다.

브루킹스 연구소는 트럼프 당선인의 러닝메이트인 J.D. 밴스도 우크라이나 추가 지원에 반대하는 것에 대해 목소리를 높여왔다고 전했다. 우크라이나에 대한 모든 지원을 즉각 중단할 것을 촉구해온 밴스는 현재 러시아가 통제하고 있는 모든 영토를 비무장화하고 영구 중립에 동의하는 평화 계획을 제시했다. 다만, 누가 이 영토를 통제할 것인지 밝히지 않았다.

밴스 부통령 당선인은 지난 9월 한 인터뷰에서 트럼프 당선인의 전쟁 종식 계획에 대한 질문에 대해 "트럼프는 러시아, 우크라이나, 유럽 관계자들과 함께 (협상 테이블에) 앉을 것"이라며 "평화적인 합의가 어떻게 보일지에 대해 파악해야 한다"고 답했다. 이어 "러시아는 점령한 땅을 유지하며 현재 전선을 따라 비무장 지대를 설정하고, 우크라이나는 또 다른 러시아의 침공을 막기 위해 군사력을 대대적으로 강화할 것"이라고 설명했다. 이어 "우크라이나의 나머지 지역은 독립 주권 국가로 남아있고, 러시아는 우크라이나로부터 '중립성 보장'을 받을 것"이라고 설명했다. 또 "우크라이나가 나토에 가입하지 않고, 비슷한 종류의 동맹 기관에도 가입하지 않는 것이 궁극적으로 평화적인 협상으로 보일 것이라 생각한다"고 말했다.

루비오 상원의원도 최근 팟캐스트와의 인터뷰에서 밴스 부통령 당선인이 제시한 평화 계획에 대한 지지 의사를 밝혔다.

미 조지타운대 교수이자 브루킹스 연구소 선임연구원인 안젤라 스텐트(Angela Stent)는 〈트럼프와 해리스가 러시아–우크라이나 전쟁을 어떻게 다룰 것인가?〉라는 분석 글에서 "밴스의 계획은 우크라이나가 현재 러시아가 점령하고 있는 영토를 양도하고 나토에 가입하지 않기로 합의할 것을 촉구하는 푸틴의 계획과 유사하다"고 설명했다.

로이 연구소는 트럼프 당선인이 우크라이나에 대한 지원을 중단하겠다는 공약이 공화당 지지자들의 뜻과도 일치한다며 미국의 여론조사기관 퓨리서치센터의 설문 조사를 근거로 들었다. 조사 결과에 따르면 민주당 유권자의 75%가 나토에 대해 호의적인 견해를 가진 반면, 공화당 유권자 중 호의적인 견해는 절반 미만이었다. 공화당 유권자의 거의 절반(49%)은 미국이 우크라이나에 너무 많은 원조를 제공하고 있다고 밝혔다.

독일 싱크탱크인 키엘 세계경제연구소(IfW Kiel)는 트럼프 당선에 따라 내년부터 우크라이나가 받는 군사 원조가 급감할 것이라고 내다봤다. 연구소는 "트럼프가 의회에서 추가 우크라이나 원조 패키지를 차단할 수 있다"라며 "독일도 최근 예산을 50% 줄이겠다고 발표했고, 다른 유럽 국가들도 그 뒤를 따를 수 있다"라고 설명했다.

최근 지원 추세가 내년에도 이어진다는 가정하에 내년 우크라이나에 대한 군사 원조는 약 590억 유로(약 89조 원), 재정 지원은 약 540억 유로(약 80조 원)로 총 1,000억 유로(약 149조 원)를 조금 넘을 것으로 예상했다.

그러나 미국의 새로운 원조 패키지가 없다면 미국의 군사 원조는 약 340억 유로(약 51조 원)로 감소하고, 재정 지원은 약 460억 유로(약 68조 원)로 줄어들 것으로 내다봤다. 독일의 지원액 삭감으로 유럽의 군사 원조도 290억 유로(약 43조 원)로 감소해, 우크라이나에 대한 총

원조가 절반 수준인 550억 유로(약 82조 원)로 줄어들 수도 있다고 전망했다. 연구소는 "최근 논의되고 있는 지원은 여전히 귀중하지만, 임시방편에 불과할 수 있다"고 경고했다.

나토의 희망고문, 트럼프의 지원

나토는 트럼프 당선자도 우크라이나에 대한 지속적인 군사 지원의 가치를 알고 있다며 나토와 협력할 것이라며 애써 희망의 끈을 놓지 않고 있다.

마르크 뤼터(Mark Rutte) 나토 신임 사무총장은 지난 10월 10일 런던에서 키어 스타머(Keir Starmer) 영국 총리와 함께 젤렌스키 대통령을 만난 직후 트럼프 당선인에 대해 그렇게 걱정하지 않는다고 밝혔다고 영국 일간지 《가디언》은 전했다.

뤼터 사무총장은 "러시아의 뜻대로 우크라이나 전쟁이 끝난다면 나른 나라도 위협을 받게 될 것"이라며 "트럼프 전 대통령도 이 점을 알고 있기 때문에 우크라이나에 대한 지원은 계속될 것으로 확신한다"고 말했다. 우크라이나의 나토 가입도 전쟁이 끝난 뒤 언젠가는 이뤄질 것이라고 강조했다.

트럼프 당선인이 나토에서 탈퇴할 위험도 크지 않다고 평가했다. 트럼프 당선인을 '미국을 수호하고 싶어하는 사람'이라고 평가한 뤼터 사무총장은 "미국도 동맹이 필요하다"면서 "나토에서 탈퇴하기로 결정한다면 홀로 가차 없이 가혹한 세계에서 고립 위험에 직면하게 될 것"이라고 말했다.

유럽 방위비 지출을 늘려야 한다는 트럼프 전 대통령의 주장에 대해서는, 현재 국내총생산(GDP) 대비 2%인 31개 회원국 방위비 지출 목표를 GDP의 2.5% 또는 3%로 올리는 방안을 논의해 볼 수 있다고 밝혔다.

나토 회의론자인 트럼프 전 대통령은 미국이 유럽에 비해 너무 많이 방위비를 분담하고 있다고 주장해 왔다. 지난 2018년 대통령 임기 중에는 동맹 탈퇴까지 고려했던 것으로 알려졌다. 그러나 트럼프 전 대통령은 지난 3월 유럽 국가들이 공정하게 행동하고 미국 국방비에 지나치게 의지하지 않는 한 나토에 남아있을 것이라고 밝혔다.

한편, 젤렌스키 대통령은 트럼프 당선인이 자신의 승전 계획에 대해 "정당한 주장"이라는 답변을 받았다며 나토 가입이 무산될 경우 스스로 보호하기 위해 핵 능력을 추구할 것이라고 밝혔다.

10월 17일《키이우 인디펜던트》등 우크라이나 매체들에 따르면 젤렌스키 대통령은 벨기에 브뤼셀에서 열린 유럽연합(EU) 정상회의에 참석해 "트럼프에게 우크라이나를 보호할 핵무기를 보유하거나 어떤 종류의 동맹에 가입해야 한다고 말했다"라며 "우리는 나토를 제외하면 그런 효과적 동맹을 알지 못한다"고 발표했다.

우크라이나는 옛 소련 시절 세계에서 세 번째로 많은 핵무기를 보유했다. 그러나 소련 해체 이후 1994년 12월 핵무기를 러시아에 넘기고 미국과 영국으로부터 영토와 주권을 보장받는다는 내용의 부다페스트 양해각서에 서명했다.

젤렌스키 대통령은 이 합의의 결과로 "우크라이나는 핵방패를 잃었지만, 핵무기를 유지한 다른 강대국은 전면전을 겪지 않았다"고 주장했다.

④

중동 전쟁과 외교 전략

요동치는 중동 정세,
네타냐후와 담판으로 안정 찾을까

2023년 10월 시작된 이스라엘-하마스 전쟁은 이란, 헤즈볼라, 예멘 후티 반군으로 확전하고 있다. 강경파 베냐민 네타냐후 이스라엘 총리의 정치적 입지를 고려할 때 이스라엘과 이슬람 무장단체와의 분쟁은 이미 예고됐었다는 분석도 나온다.

주요 산유국이 몰린 중동 지역에서 1년째 전쟁이 계속되자 국제유가의 변동성 리스크가 지속 중이다. 아시아와 유럽을 잇는 수에즈 운하의 통행도 위협받아 세계적으로 높은 해운료 부담이 이어지고 있다.

이제 공은 도널드 트럼프 당선인에게 넘어왔다. 네타냐후 총리와의 담판으로 중동에 안정을 가져온다면 지지율 상승을 바탕으로 강력한 통솔력을 얻을 수 있을 전망이다.

이스라엘과 이슬람, 또다시 전쟁

2023월 10월 7일. 이스라엘 남부 팔레스타인 가자지구 국경지대 인근에 위치한 레임 키부츠(집단농장) 근교에서는 음악 축제가 열리고 있었다. 6일 오후 시작해 1박 2일로 예정된 파티가 한창인 7일 오전 6시경 새 떼처럼 보이는 인영들이 행사장으로 날아들었다. 패러글라이더를 탄 팔레스타인 이슬람 극단주의 무장단체 하마스의 병력이었다.

지상에서는 오토바이를 탄 하마스 무장 병력이 들이닥쳤다. 민간인에 대한 무차별적인 총격과 납치가 이뤄졌다. 자동차를 타고 도주하는 이들을 잡기 위한 매복 공격도 함께했다. 작전명 '알아크사의 홍수'로 오직 이스라엘 민간인에게 큰 피해를 주는 데 목적이 있었다. 생존자 증언에 따르면 곳곳에서 습격이 이뤄져 도로는 자동차 통행이 불가능할 만큼 아비규환이었다. 하마스 병력은 경찰복 등으

중동 분쟁 일지

일시	내용
2023년 10월 7일	하마스의 이스라엘 남부 습격
2023년 10월 7~9일	이스라엘의 가자지구 포위 공격 및 1973년 4차 중동전쟁 이후 첫 전쟁 선포
2023년 10월 27일	이스라엘, 가자지구 지상 침공 시작
2023년 12월	이스라엘, 가지지구 중·남부로 진격
2024년 7월 31일	하마스 최고 지도자 이스마일 하니예, 이란 테헤란 방문 중 암살
2024년 9월 27일	이스라엘, 레바논의 시아파 이슬람주의 성향 정치단체 헤즈볼라 지도자 하산 나스랄라 사살
2024년 10월 2일	이스라엘, 레바논 남부 헤즈볼라 거점 타격 목표로 지상 침공
2024년 10월 16일	하마스 최고 지도자 야히야 신와르, 가자지구 남부서 이스라엘군에 사살

이스라엘 남부 가자지구 국경과 인접한 레임 키부츠(집단농장) 인근에서 사람들이 하마스 습격 희생자를 추모하고 있다.

로 위장해 혼란을 더했다.

이날 이스라엘 남부 여러 지역에서 하마스에 의해 살해당한 인원은 약 1,200명에 달한다. 또 251명이 인질로 잡혀갔다. 중동을 지엽적인 분쟁 지역에서 이스라엘-하마스 전쟁이라는 전면적인 충돌지로 확대한 사건이다.

이스라엘은 하마스가 실효 지배하고 있는 가자지구를 즉각 포위 공격하는 것으로 대응했다. 곧이어 가자지구에 대한 지상군 침공도 개시했다. 가자지구 북부부터 중·남부까지 하마스의 거점은 함락됐다. 2024년 5월부터는 하마스의 마지막 보루로 불리는 라파에 대한 공격도 감행했다. 100만 명 이상의 팔레스타인 피난민이 몰려있어 우려를 산 곳이다.

다만 1년 동안 양측 합쳐 5만 명가량의 사망자를 발생시킨 전쟁은 아직 끝날 기미를 보이지 않고 있다. 두 번의 최고 지도자 사망에도 하마스는 지하 터널 등 은신처에 숨어 항전 의지를 북돋고 있기 때문이다. 미국의 한 전쟁 연구기관은 촬영 이미지 및 증언 등을 바탕으로 하마스가 이스라엘군에게 밀려났던 가자지구 북·중부 지역에서 전투부대의 절반가량을 재건했다고 분석하기도 했다. 이스라엘군이 이들 지역을 청소했다고 말하지만, 완전히 청소되지 않았다는 설명이다.

게다가 전쟁은 인근 국가로 확장되고 있다. 하마스를 지원하던 레바논 시아파 이슬람주의 정치단체 헤즈볼라와 이스라엘 간 전쟁이 발발한 것이다.

이스라엘은 2024년 10월 북부 국경을 마주한 레바논으로 지상군을 파견했다. 목적은 레바논 남부 지역의 헤즈볼라 기점 궤멸로 밝혀졌다. 앞서 헤즈볼라는 하마스 지지를 선언하며 이스라엘과 포격을 주고받은 바 있다. 2024년 9월에는 이스라엘의 공습으로 헤즈볼라의 수장인 하산 나스랄라가 사망하기도 했다.

이스라엘-헤즈볼라 전쟁은 이스라엘과 이란의 대리전 양상을 띤다는 분석도 나온다. 시아파 이슬람의 종주국 이란의 지원을 받는 헤즈볼라가 이란의 지시를 받아 이스라엘과 분쟁을 유발했다는 견해다. 이스라엘과 이란은 2024년 4월 이스라엘의 주시리아 이란 영사관 공습 이후 폭격을 주고받으며 군사적 긴장감을 더한 바 있다.

이스라엘은 영사관 공습에 대해 쿠드스군 지도부 타격이 목적이었다고 밝혔다. 실제로 모하메드 레자 자헤디 쿠드스군 사령관이 공습을 통해 사망한 것으로 알려졌다. 쿠드스군은 이란의 특수부대로 하마스를 지원한 혐의를 받는다.

네타냐후, 하마스, 헤즈볼라의 예고된 충돌

베냐민 네타냐후는 1949년 10월 21일 건국 2년 차 이스라엘의 텔아비브에서 태어났다. 아버지는 폴란드 바르샤바 출신으로 미국에서 유대인 민족주의(시오니즘) 운동을 이끈 벤지온 네타냐후다.

네타냐후 가문은 이스라엘에서 국가에 헌신하는 명문으로 통한

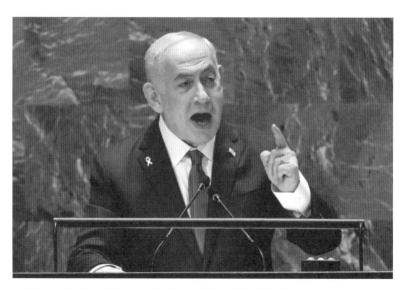

베냐민 네타냐후 이스라엘 총리가 미국 뉴욕에서 열린 UN 총회에 참석해 발언하고 있다.

다. 네타냐후는 형과 남동생을 뒀는데 셋 모두 이스라엘의 최정예 특수부대 사예레트 마트칼에서 복무했다. 특히 형 요나탄 네타냐후는 엔테베 작전으로 군사 영웅이 된 인물이다. 그는 1976년 우간다 수도의 엔테베 공항에서 독일-

베냐민 네타냐후 약력

1949년 10월 21일 이스라엘 텔아비브 출생
메사추세츠공과대(MIT) 건축학 학사, 경영학 석사 졸업
1984~1988년 주UN 이스라엘 대사
1988년 이스라엘 국회의원 당선
1996~1999년 13대 이스라엘 총리
2002년 이스라엘 외무장관
2003년 이스라엘 재무장관
2009~2021년 17대 이스라엘 총리
2022년~ 20대 이스라엘 총리

팔레스타인 테러범에 의해 납치된 에어 프랑스 탑승 유대인 구출 작전을 지휘한다. 100명의 사예레트 마트칼 대원과 함께 공항을 급습해 오인사격으로 인한 인질 피해자 3명을 제외하고는 성공적으로 구출에 성공했다. 이스라엘 사망자는 단 한 명. 가장 앞에서 현장을 이끈 요나탄 네타냐후 본인이있다.

네타냐후 역시 특수부대원으로서 1968년 요르단의 팔레스타인 난민촌에 침투해 팔레스타인 해방기구(PLO) 무장병력과 전투를 벌인 지옥 작전을 경험했다. 같은 해 레바논 베이루트 공항에서 10대가 넘는 항공기를 파괴한 '선물 작전'도 수행했다. 1972년에는 텔아비브 국제공항에서 대 테러범 작전을 성공적으로 이끌었으며 다음 해에는 욤키푸르 전쟁에 참전했다. 적 후방에 잠입해 고위 장교를 포로로 잡기도 했다. 대위 전역까지 어깨에 총상을 입는 등 두 차례의 부상을 입었다.

정치 활동은 이스라엘 우파 정당인 리쿠드당에서 시작했다. 팔레스타인 문제에서 매파적 태도를 밝혔던 부친 벤지온 네타냐후처럼 대표적인 강경파 정치인으로 꼽힌다. 1996년 최연소 이스라엘 총리직에 오르기도 했으며, 부친이 형성한 미국 내 유대인 공동체의 지지를 받고 있다.

네타냐후의 정치적 입지는 하마스와의 전쟁으로 더욱 공고해졌다. 본인이 추진한 사법개혁이 2023년 들어 반대 시위가 일어나는 등 역풍에 시달리던 상황이 중단됐기 때문이다. 국가 위기 상황에서 지도자에 대한 지지율이 급등하는 '랠리 라운드 더 플래그' 효과도 톡톡히 보고 있다.

이에 하마스와 적대적 공생을 한 것이 아니냐는 의혹도 나온다. 하마스 역시 이스라엘과의 분쟁에서 민간인 방패를 세우고, 이스라엘의 반격으로 민간인이 피해를 당하면 이들의 반이스라엘 감정을 지지 요인으로 활용하는 전략을 펼친 바 있다.

본인 신변에 대한 위협도 더해지며 네타냐후의 강경 전략은 계속될 전망이다. 2024년 10월 19일 이스라엘 중부 도시 카이사레아의 네타냐후 자택에 드론 공격이 이뤄졌다. 드론 3대가 날아와 2대는 요격됐으나, 1대는 자폭에 성공한 것으로 알려졌다. 이스라엘-하마스 전쟁 개시 후 네타냐후 관련 목표물에 대한 첫 공격이다. 네타냐후 내외는 피격 당시 집에 있지 않아 화를 피했다.

이스라엘은 레바논 헤즈볼라의 소행이라고 비난한 뒤 보복성으로 레바논 수도 베이루트를 폭격했다. 아울러 팔레스타인 가자지구

북부도 공습했으며, 현지 관계자는 어린이를 포함해 최소 87명이 목
숨을 잃었다고 밝혔다.

중동 정세 따라 널뛰는 유가

전 세계 원유 생산량의 3분
의 1을 책임지는 중동 지역의
분쟁으로 국제유가가 널뛰기하
고 있다. 전쟁 양상에 따라 큰
변동성을 보여 세계 경제에 리
스크를 더하는 중이다.

사우디아라비아와 러시아의
감산 조치가 불을 댕긴 2023년
하반기의 유가 상승세는 이스

배럴당 유가 추이

단위 = 달러

일시	두바이	브렌트	WTI
2023년 6월	71.66	74.28	70.1
8월	85.85	84.91	81.37
10월	93.12	90.71	88.82
12월	81.31	78.88	74.07
2024년 2월	80.31	78.7	73.82
4월	87.65	87.42	83.71
6월	81.91	78.36	74.22
8월	80.53	79.52	76.31
10월	70.76	73.56	69.83

*해당 월 초기준   *자료 = 한국석유공사

라엘-하마스 전쟁으로 강기화되기 시작했다. 코로나19 당시 급등기
를 제외하면 2014년 이후 처음으로 두바이유 기준 배럴당 80달러 이
상의 가격이 일반화된 것이다.

2024년 4월 이스라엘의 주시리아 이란 영사관 공습에 이란이 이
스라엘 본토 미사일 공격으로 대응하자 진정세에 있던 국제유가는
한 번 더 치솟았다. 두바이유 기준 2024년 들어 최초로 배럴당 90달
러를 넘어섰다. 미국·유럽연합(EU)이 이란에 대한 추가 경제제재를
예고하고 시행한 점이 급등을 견인했다.

아울러 이란의 호르무즈 해협의 봉쇄 가능성이 제기된 것도 문제

이스라엘 육군 헬리콥터가 북부 하이파시 소재 정유공장 위를 지나고 있다.

를 더 했다. 호르무즈 해협은 이란과 오만 사이의 바다로 글로벌 원유의 20%가 이동하는 통로다. 특히 한국의 경우 전체 원유의 80% 가량을 호르무즈 해협 주변국에 의존하고 있어 장애 발생 시 타격이 클 수밖에 없다.

이후 안정세를 회복한 이후에도 개별 중동 이슈에 크게 반응하는 모습을 보였다. 중국 경제 위축 등 글로벌 수요 악화로 10월 1일 70.76달러에 머무른 배럴당 두바이유 가격은 이스라엘의 레바논 지상 침공과 함께 급등세를 보였다. 10월 8일 두바이유 배럴당 가격은 78.98달러로 일주일새 11.6% 상승했다.

이스라엘과 이란의 갈등은 유가 변동성에 큰 영향을 줄 수 있는 불씨다. 2024년 10월 이스라엘-헤즈볼라 전쟁의 보복으로 이란은 이스라엘 전역에 약 200발의 탄도 미사일을 발사한다. 제2차 진실의 약속 작전이라 이름 붙여진 해당 사건으로 이스라엘의 이란 석유 시설 공격 가능성이 대두한다.

당시 사우디아라비아, 아랍에미리트(UAE), 카타르, 쿠웨이트, 바레인, 오만 등 서방 세계와 친밀한 관계를 맺고 있는 걸프만 인근 6개국은 미국에 이스라엘의 이란 공습을 저지해달라는 요청을 보내기도 했다. 이란의 석유 시설이 타격받을 시 이란의 지원을 받는 무장단체 헤즈볼라 등이 자국 석유 시설을 공격할 수 있다는 우려에서다.

이후 네타냐후 이스라엘 총리는 조 바이든 당시 미국 대통령에게 전화를 걸어 이란의 석유와 핵 시설을 제외한 군사 시설을 공격하겠다고 밝히며 중동 유가 공급 불안은 진정됐다.

다만 이스라엘은 여전히 "미국 의견을 경청하지만, 국가적 이익에 따라 최종 결정을 내릴 것"이라는 입장을 유지하고 있다. 이스라엘과 이란의 극단 상황 발생 시 원유 생산 차질로 인한 유가 급등 가능성은 여전히 남아있는 셈이다.

수에즈 운하 위협으로 치솟는 물류비

중동 갈등으로 전 세계 물류비가 출렁이고 있다. 이란의 지원을 받는 예멘 후티 반군이 글로벌 컨테이너 물동량의 30%를 차지하는 수에즈 운하 항행을 위협하고 있기 때문이다. 해운사들이 남아프리카 희망봉을 돌아가는 대체 항로를 선택하며 전체 일정이 지연되자

컨테이너를 가득 실은 화물선이 이집트 수에즈 운하를 통과하고 있다

글로벌 물류 시장으로 타격이 번지기도 했다.

후티 반군은 예멘 북서부 지역을 장악한 시아파 이슬람 무장단체다. 시아파 종주국인 이란의 지원을 받고 있다. 인접국이자 수니파 이슬람의 종주국인 사우디아라비아는 2015년 예멘이 후티 반군의 장악으로 이란 위성국가화 되는 것을 우려해 예멘 내전에 개입한 바 있다. 수년간의 공습과 지상전에도 후티 반군은 점령한 대부분 영토를 보전 중이다. 2022년부터 국제연합(UN) 중재 하에 휴전에 돌입했으나 16만 명이 목숨을 잃었으며 400만 명이 피난길에 올랐다.

이후 후티 반군은 2023년 11월 19일부터 홍해를 통해 수에즈 운하로 향하는 선박들에 공격을 가하고 있다. 이스라엘의 가자지구 공격에 대한 보복 조치로 헬리콥터를 이용한 납치와 함께 미사일과 드론으로 타격하는 식이다. 후티 반군이 지배 중인 예멘 북서부는 홍해와 아덴만을 연결하는 바브엘만데브 해협과 접해 있다. 바브엘만데브 해협의 가장 좁은 폭은 26㎞에 불과하다. 후티 반군이 수에즈 운하라는 유럽과 아시아를 잇는 최단 거리 해상 경로의 목줄을 쥐고 있는 셈이다.

후티 반군은 이스라엘과 연관된 것으로 의심되는 선박이나 이스라엘 항구로 향하는 선박에 한해 공격 중이라고 주장한다. 다만 그들이 공격한 선박 중 다수는 이스라엘 아무 관련이 없었다. 그들이 1년여간 민간 선박을 습격한 횟수는 약 100여 번에 달하며 두 척은 침몰했다.

물류 흐름에 장애가 발생하자 운송비가 오르기 시작했다. 대표적인 해운료 지수인 상하이컨테이너운임지수(SCFI)는 2023년 12월 1010.81에서 지난 8월 3332.67로 3배 이상 급등했다. 주요 해운사가 후티 반군을 피해 수에즈 운하 대신 남아프리카 희망봉으로 우회하는 항로를 택했기 때문이다. 희망봉 항로는 기존 대비 거리로는 9,000㎞, 기간으로는 왕복 2주 이상 늘어난다. 투입 가능한 선박 수는 한정된 만큼 해운업계의 총 공급량이 줄어드는 셈이다.

미국을 포함한 국제사회는 후티 반군을 제어하기 위한 군사 작전을 계속 펼치고 있다. 미국 등 12개국은 2023

SCFI 지수 추이

일시	지수
2023년 12월	1010.81
2월	2217.73
4월	1745.43
6월	3184.87
8월	3332.67
10월	2062.57

*매월 첫째 주 기준
*자료 = 상하이거래소

년 12월부터 예멘 주변 항로 정상화를 위한 번영의 수호자 작전을 진행 중이다. 별개로 유럽연합(EU)은 아스피데스 작전을 운영 중이다. 아스피데스는 고대 그리스의 중장보병이 사용하던 방패를 일컫는다. 해당 작전 역시 번영의 수호자 작전이 후티 반군에 적극적인 공습을 가하는 것과 달리 상선 보호에 초점을 두고 있다.

다만, 비대칭 전력에 기반한 후티 반군의 타격력은 여전히 유효하다. 후티 반군은 미사일, 드론 발사대 및 지휘 시설을 민간인 거주 지역에 설치하고 유사시 빠른 기동으로 연합군의 공격을 회피하고 있다. 특히 2,000달러(약 270만 원)가량의 저렴한 드론으로 미군의 200만 달러(약 27억 원) 상당 대공미사일 사용을 유도해 물량전에서 오히려 우위를 점하고 있다.

영국 킹스칼리지런던의 해군 전문가 알레시오 파탈라노는 미국 포린 폴리시와의 인터뷰에서 "후티 반군은 공격을 멈추지도 않았고, 휴대성이 높은 그들의 무기는 그대로 쌓여 있다"며 "미국과 영국은 이 게임을 계속할지 고민할 수밖에 없다"고 말했다.

트럼프식 내가 해결한다, 중동에서도 통할까

도널드 트럼프 당선인은 중동 문제 해결에 적극적인 움직임을 보일 전망이다. 실패로 평가받는 조 바이든 전 미국 대통령의 중동 정책과 선을 그을 필요성이 있기 때문이다. 특히 임기 초 중동 분쟁을 종식시킬 시 리더십에 대한 강력한 추종력 확보가 기대된다.

바이든 전 대통령은 2023년 10월 시작된 이스라엘-하마스 전쟁

도널드 트럼프 당선인이 공화당 대선 후보 시절 베냐민 네타냐후 이스라엘 총리와 만나 환담을 나누고 있다.

을 조기 종결하지 못하고 이란-헤즈볼라 등으로 확전된 데에 책임이 있다는 지적을 받는다. 이란과의 긴장 완화를 꾀하던 중동 선략이 작금의 상황을 초래했다는 설명이다. 이란의 핵무기 보유 시도는 여전하고 예멘 후티 반군은 홍해 물류에 대한 위협을 계속하고 있다.

트럼프 당선인으로서는 바이든 전 대통령과 차별화된 중동 전략을 선보일 때다. 실제로 그는 후보자 시절 바이든 전 대통령의 중동 정책을 노골적으로 비난하며 본인의 차별점으로 삼아왔다. 지난 4월 펜실베이니아주 유세에서는 연설 시작부터 이란의 이스라엘 공격이 바이든 전 대통령의 나약함 때문이라고 주장하며 "공화당이 집권했다면 일어나지 않았다"고 강조했다.

10월 위스콘신 주 유세에서도 비슷한 발언과 함께 "모든 곳에서 전쟁이 맹렬히 계속되거나 발발 위협이 있는데 무능한 두 사람(바이든, 해리스)이 미국을 운영하고 있다"며 "그들은 우리를 3차 세계대전 직전으로 이끌고 있다"고 비판했다. 이어 "내가 이기면 세계는 평화를 되찾을 것"이라고 덧붙였다.

트럼프 당선인은 2018년 대통령 재임 시절 싱가포르에서 사상 최초 미·북 정상회담을 깜짝 성사시키며 과감한 추진력을 선보인 바 있다. 그는 대선 직전 네타냐후 이스라엘 총리와의 통화 이후 "매우 좋은 통화를 했다"며 "(네타냐후 총리에게) 당신이 해야 할 일을 하라고 말했다"고 말했다. 근시일 내에 네타냐후 총리와의 극적 담판으로 중동 분쟁을 매듭지을 가능성도 있는 셈이다.

PART 3

반쪽짜리 미국

두 쪽으로 갈라진 미국사회
어떻게 고칠까

사법개혁 정책

트럼프의 사법 시스템 보수화
어디까지 갈까

트럼프 당선인은 이번 미국 대선 선거운동 과정에서 여러 차례 '보복'을 언급해왔다. 그는 특히 법무부와의 관계에서 분노를 감추지 않아 왔다. 트럼프는 취임 첫날 불법 이민자 추방과 전기차 의무화 폐지 등 여러 가지를 약속했지만, 개인적 우선순위는 법무부를 자신의 영향 아래 둘 수 있도록 하는 데에 있다는 관측도 나오고 있다.

그는 대선을 앞두고 성명에서 "우리의 사법 시스템은 특히 45대 미국 대통령인 도널드 트럼프와 관련해 부패하고 불명예스럽다"고 밝힌 바 있다. 그의 임기 후 바이든 행정부가 그의 행적에 대한 집중수사에 나서면서 터져 나온 불만이었다. 그는 법무부와 수사당국이 오랜 시간 '트럼프 잡기'에 집착해왔다고 주장해 왔다.

트럼프는 트럼프의 의중을 잘 알고 이해하는 인물을 법무장관으로 임명할 것을 고려하는 한편, 연방수사국(FBI)의 규모와 권한을 축소하고 법무부로부터 더 많은 감독을 받도록 하는 대대적인 개편을 준비하고 있다. 트럼프는 어떤 일을 겪었기에 법무부와 수사당국에 이를 갈고 있는 것일까.

트럼프에 대한 형사소송

트럼프는 2016년 대선 이후 자신의 재임 중에 특별검사로부터 수사를 받았던 바 있다. FBI가 트럼프 선거 캠페인이 러시아와 협력해 선거 결과에 영향을 미치려 했는지 여부를 조사한 데 이어 특검의 수사가 시작됐던 것이다. 당시 로버트 뮬러 특검은 트럼프를 집요하게 추적했지만, 결국 선거 개입의 불법적인 요소에 대해서는 밝혀내지 못했다.

트럼프는 2021년 1월 퇴임한 이후 4건의 형사소송에 휘말렸다. 선거 불복행위, 조지아주 선거 방해, 기밀문서 유출, 성추문 입막음 돈 혐의 등 모두 4건의 형사소송으로 기소를 당했다. 선거 불복행위와 기밀문서 유출은 연방법원이, 조지아주 선거 방해 사건은 조지아주 대법원이, 성추문 입막음 돈 혐의는 뉴욕 대법원이 각각 재판을 담당하고 있다.

트럼프는 각 사건에서 자신의 잘못을 부인했고, 결과적으로 형사소송은 그가 대통령 선거에 출마하는 데에 큰 걸림돌이 되지는 않았다.

이들 사건이 대통령의 '면책특권'을 광범위하게 인정한 연방대법

트럼프 전 대통령 기소 4가지 사건

혐의	내용
성추문 입막음 돈 혐의	성인영화 배우 스토미 대니얼스에게 '입막음용 돈'을 지급한 것과 관련해 34건의 사업기록을 위조한 혐의
기밀문서 보관사건	대통령 재임시절 기밀문서를 불법적으로 보관하고 보좌진과 공모해 자신의 행위를 은폐한 혐의
조지아주 선거방해사건	공화당 소속 조지아 주정부 관계자들에게 자신의 패배를 되돌릴 표를 찾으라고 압력을 가한 혐의
2021년 1월 6일 선거불복 사건	고의적인 허위 주장으로 선거를 뒤집으려 정부의 개표와 선거 인증 절차를 방해한 혐의

원의 판결과 연결되면서 미국 정치권은 소용돌이 속으로 빠져들었다. 한편에서는 '정치적 박해'에 대한 반발이 일었고, 다른 한 편에서는 보수화된 연방대법원이 무소불위의 권력을 인정한 것이라는 반발이 제기됐다.

먼저 트럼프가 유일하게 유죄 판결을 받은 '성추문 입막음 돈' 혐의인 '허시 머니(Hush money)' 사건부터 살펴보자. 이 형사소송은 트럼프가 2016년 대선 당시 성인영화 배우 스토미 대니얼스에게 입막음용 돈을 지급한 것과 관련해 34건의 사업기록을 위조한 혐의로 제기됐다.

대니얼스는 2016년 대선을 앞두고 10여 년 전 트럼프와 성관계를 가졌다고 주장했던 인물이다. 트럼프 측은 대선을 앞두고 대니얼스에 13만 달러를 지급했다. 대니얼스는 그 이후 트럼프와 성관계를 가졌다는 주장을 더 이상 하지 않았다.

문제는 이렇게 지급된 자금의 출처와 지급 방식이다. 대니얼스에게 돈을 전달했던 것은 당시 트럼프의 변호사였던 마이클 코헨이었다. 트럼프는 당시 선거가 모두 끝난 뒤에야 코헨 측에 이 돈을 지급했다. 기소장에 따르면 트럼프 캠페인의 장부에는 허위 내용이 기재돼 있다. 2017년 코헨에게 지급된 수표가 법률서비스에 대한 지불로 기록돼 있다는 것이다. 수사당국은 트럼프가 대중에게 정보를 숨기기 위해 이 돈을 일상적인 법률비용으로 분류했다고 봤다.

사업기록을 위조하는 행위는 뉴욕에서 중범죄가 될 수 있다. 또다른 범죄를 저지르기 위한 의도, 범죄를 돕거나 은폐하기 위한 의도 등을 포함하는 '사기 의도'가 있을 때는 더욱 그렇다. 뉴욕 검찰은 트럼프가 이 같은 허위 사업기록을 남긴 것은 불륜 혐의를 은폐하기 위한 것이라고 주장하고 있다.

이 사건 배심원단은 2024년 5월 트럼프에 유죄를 평결했다. 이 유죄 평결은 전직 미국 대통령에 대한 최초의 형사 사건 유죄 평결로 기록된다. 트럼프는 최대 4년의 징역형을 선고받을 수 있지만, 실제 징역형까지 선고받지는 않을 것이라는 관측이 지배적이다.

판사의 형량 선고는 당초 2024년 9월 18일로 예정됐지만, 트럼프가 대선후보라는 특수한 상황을 고려해 뉴욕 주 대법원은 대선 이후인 11월 26일로 선고일을 연기했다.

또 다른 사건인 '조지아주 선거 방해 사건'은 2020년 대선에서 조지아주 선거에서 패배를 뒤집으려는 시도와 관련해 조지아 풀턴카운티 지방검찰이 트럼프와 다른 18명을 기소한 것이다.

사건을 담당한 파니 윌리스 검사장은 2021년 1월 트럼프가 공화당 소속인 조지아주 정부 관계자들에게 자신의 패배를 되돌릴 표를 찾으라고 압력을 가했다는 통화 녹음이 유출된 후 수사에 착수했다. 이 녹음에는 이런 지시를 거부할 경우 형사 처벌을 받게 될 것이라고 위협하는 내용도 담겨있다.

트럼프는 2023년 8월 첫 기소 당시 13개의 혐의가 제기됐다. 하지만 현재는 8개로 줄었다. 그해 9월 담당 판사가 연방 관할권에 속하는 행위에 대한 주 정부의 기소를 금지하는 헌법 조항에 따라 트럼프에 대한 2건의 혐의, 보좌진에 대한 1건의 혐의를 기각한 것이다. 2024년 3월에는 트럼프에 대한 3건의 혐의를 추가로 기각했다.

이 재판은 다소 엉뚱한 이유에서 표류하기 시작했다. 트럼프 측이 윌리스 검사장과 동료 검사의 불륜 행위를 폭로하면서 재판이 전혀 다른 방향으로 흘러가게 된 것이다. 트럼프 측은 수사팀에 속해 있는 네이선 웨이드 검사가 이혼 소송 중에 수사팀을 이끄는 윌리스 검사장과 연인관계가 됐다고 주장했다. 둘 사이의 친분으로 웨이드 검사가 수사팀에 합류했다는 것이다.

결국, 담당 판사는 윌리스 검사장에게 수사팀에서 웨이드 검사를 제외할 것을 요구했고, 윌리스 검사장은 이를 받아들였다. 그러나 재판이 언제쯤 재개될지는 여전히 알 수 없는 상황이다.

트럼프 당선인의 불만은 주로 잭 스미스 특별검사가 맡은 두 가지 사건에 집중된다. 기밀문서 보관 사건과 1.6 선거 불복 사건이다. 바이든 정부 차원에서 '탄압'을 위해 특검을 동원했다는 것이 트럼프 측의 주장이다. 그러나 이 두 사건 모두 트럼프의 의도대로 대선에 영향을 미치지 못했다.

우선 '기밀문서 보관 사건'은 트럼프가 대통령 재임 시절 기밀문서를 불법적으로 보관하고 보좌진과 공모해 자신의 행위를 은폐한 혐의다. 연방 대배심은 2023년 6월 고의적인 국방기밀 보유, 사법 방해, 음모 등 37개 혐의로 트럼프를 기소했다. 트럼프와 그의 보좌관이 트럼프의 자택인 플로리다 마러라고에서 보안 영상을 삭제해 수사관이 이를 보지 못하도록 했다는 추가 혐의도 제기됐다. 트럼프는 이로 인해 모두 40건의 기소에 직면했다. 이 사건은 스미스 특검팀이 맡았다.

사건을 맡은 플로리다주 남부법원은 트럼프에 대한 기밀문서 보관 혐의를 수사한 스미스 특검의 임명이 위헌이라며 소송을 제기할 권한이 없다고 판결했다. 스미스 특검이 의회 인준을 받지 않았고, 법무부가 예산을 지원한 것도 부당하다는 이유에서다. 법원은 스미스 특검의 임명이 공직자 지명·임명 방식과 관련해 헌법의 임명 조항을 위반했고, 연방정부의 지출에 대한 의회의 통제권을 부여하는 조항도 지켜지지 않았다고 판단했다.

판결을 내린 에일린 캐넌 판사는 지난 2020년 트럼프가 대통령 재임 기간 중 임명한 판사로 트럼프 측의 재판절차 연기, 압수문서를 검토할 특별조사관 지명 등을 포함해 트럼프에 유리한 판결을 내려온 인물이다.

트럼프 전 대통령 특검 수사·재판 관련 일지

2022년 11월 15일	트럼프 전 대통령, 2024년 대선출마 선언
11월 18일	메릭 갈랜드 미 법무장관, 잭 스미스 특별검사 임명
2023년 6월 8일	스미스 특검, 기밀문서 반환 거부 혐의로 트럼프 전 대통령 기소
8월 1일	스미스 특검, 2020년 대선 결과 뒤집기 혐의로 트럼프 전 대통령 기소(가짜 선거인단 조직·펜스 부통령에 선거결과 변경 압박 등 혐의)
8월 3일	트럼프 전 대통령, 워싱턴DC 법정 출두해 "정치적 박해" 주장
8월 28일	처트칸 판사, 2024년 3월 4일 재판 시작 명령
10월 5일	트럼프 전 대통령, 대통령 업무행위에 대한 면책 주장하며 소송기각 신청
12월 11일	스미스 특검, 연방대법원에 대통령 면책특권 결정 요청
12월 22일	연방대법원, 연방 항소법원에 면책특권 먼저 심리 결정
2024년 2월 6일	연방항소법원, 면책특권 항소요청 기각
2월 28일	연방대법원, 트럼프 전 대통령 면책특권 문제 다루기로 결정
3월 6일	트럼프 전 대통령, 미국 공화당 대선후보 사실상 확정
7월 1일	연방대법원, 트럼프 전 대통령에 일부 면책 판결
8월 27일	스미스 특검, 기소장 변경해 제출
9월 26일	스미스 특검, 수사결과 보고서 제출

1.6 선거 불복 사건과 대통령 면책

트럼프에 대한 수사의 하이라이트는 단연 '2021년 1월 6일 선거 불복 사건'이다. 2021년 1월 6일의 의회 난동 사건을 비롯해 선거 결과를 뒤집기 위한 트럼프의 모든 혐의를 다뤘다.

트럼프의 2020년 대통령 선거 불복행위를 수사해온 잭 스미스 특검팀은 트럼프가 고의적인 허위 주장으로 선거를 뒤집으려 정부의 개표와 선거 인증 절차를 방해했다고 기소장에서 주장하고 있다. 기소장에는 또 주요 경합주에 투표 결과를 무시하고 해당 주 선거인 명부를 허위로 제출하도록 지시하고, 결과를 뒤집도록 펜스 부통령을 압박했다는 내용도 포함돼 있다.

특히 이 수사는 2024년 대선 출마 선언부터 시작된 트럼프의 대선 행보와 연결돼 진행돼왔다. 2022년 11월 15일 트럼프가 2024년 대통령 선거 출마 선언에 나선 지 불과 3일 만에 메릭 갈런드 법무장관이 스미스 특검을 임명했다. 2023년 6월에는 스미스 특검이 기밀문서 반환 거부 혐의로 트럼프를 기소했고, 그해 8월 선거 불복, 대선 결과 뒤집기 혐의로 기소했다.

트럼프는 워싱턴DC 법정에 출두해 이 같은 기소가 '정치적 박해'라고 강력하게 주장했다. 사건을 맡은 타냐 처트칸 판사는 다음해인 2024년 3월 재판 시작을 명령했지만, 트럼프 측은 대통령 업무 행위에 대한 면책을 주장하면서 소송 기각을 신청했다. 이것이 2023년 10월이었다.

이 같은 기각 신청이 트럼프 측이 재판을 지연시키려는 의도라고 판단한 스미스 특검 측은 12월 연방대법원에 대통령의 면책특권을 신속하게 결정할 것을 요청했다. 하지만 연방대법원은 연방 항소법원이 먼저 심리해야 한다고 결정하며 재판은 수개월 간 지연됐다.

이듬해인 2024년 2월 연방 항소법원이 면책특권 항소 요청을 기각하자 트럼프 측이 항소에 나섰고, 같은 달 연방대법원이 대통령의 면책특권 문제를 다루기로 했다. 2024년 3월 트럼프는 공화당 대선 후보로 사실상 확정됐다.

대법원이 대통령의 재임 시 행위에 대한 면책특권을 인정하면서 이 소송 또한 표류하기 시작한다. 연방대법원이 대통령의 공무상 행위에 대한 면책특권을 인정하는 판결을 내린 것은 대법원이 면책특권을 다루기 시작한 시점으로부터 4개월여 뒤인 2024년 7월이었다. 존 로버츠 대법원장은 판결에서 "전직 대통령이 재임 기간 수행한 공적 행위에 대해서는 형사 기소에 대한 일부 면책특권을 갖고 있다고 결론 내렸다"며 "대통령은 최소한 핵심적인 헌법적 권한 수행에 있어서는 절대적 면책권을 갖고 있고, 그 외 공적 행위에 대해서도 면책특권을 받을 자격이 있다"고 밝혔다.

연방대법원은 트럼프의 법무부 압박 행위에 대해서는 절대적 면책권이 있다고 판결했고, 나머지 혐의에 대해서는 트럼프의 행위가 공식적인 것인지, 비공식적인 것인지 판단하도록 하급법원으로 보냈다.

이 판결은 공화당 출신 대통령이 지명한 대법권 6명이 찬성했지만, 민주당 출신 대통령이 지명한 대법관 3명은 반대했다. 반대한 대법관 중 한 명인 소니아 소토마요르 대법관은 "헌법과 정부 시스템의 근간인 '누구도 법 위에 있지 않다'는 원칙을 조롱하는 것"이라며 "법원이 트럼프에게 특권을 부여했다"고 강하게 비판했다.

트럼프는 자신이 완전한 면책특권을 갖고 있다고 주장했고, 법원은 인정했다. 이로써 대통령 선거 전에 트럼프 앞에 놓여있던 사법적인 장애물은 모두 사라지게 됐다.

스미스 특검은 트럼프의 행위가 대통령으로서의 행위가 아닌, 대통령 후보로서의 행위에 해당한다며 기소장을 변경해 다시 제출했고, 수사결과 보고서도 제출했다. 처트칸 판사는 해당 내용을 대선 전에 공개하기로 결정했다.

공개된 내용 가운데에는 2020년 11월 3일 대선 이후 트럼프와 마이크 펜스 전 부통령의 대화 내용도 포함돼 있다. 특검이 공개한 내용에 따르면 같은 달 12일 비공개 오찬에서 펜스는 트럼프에 "승복하지 말고 (대선 관련) 절차가 끝났다고 인정하라"면서 체면을 살리는 옵션을 제시했고, 다른 오찬에서도 트럼프에 대선 결과를 받아들이고 2024년 다시 출마할 것을 제안했다. 이에 트럼프는 "모르겠다. 2024년은 너무 멀다"고 답했다.

이와 관련해 특검팀은 "사적인 공모자 그룹과 공조하여 피고인이 투표 결과를 취합하고 집계하는 정부의 기능을 사기와 속임수를 통해 교란하는 복수의 범죄 수단을 추구했을 때 그는 (대통령이 아닌) 대통령 후보로서 행동했다"고 주장했다.

특검팀은 "피고인이 2020년 대선에서 패했을 때 그는 대통령직을 유지하기 위해 범죄에 의지했다. 범죄 행위에는 트럼프 대통령이 2021년 1월 6일 펜스 부통령에게 대선 선거인단 투표 집계 결과 인증을 거부하라고 압박한 것도 포함된다"고 밝혔다.

트럼프가 당선되었으니 법무부는 기소를 중단할 것으로 예상된다. 트럼프는 스미스 특검을 해고할 가능성이 크다. 결과적으로 이들 형사소송은 성과 없이 끝날 수 있다는 얘기다.

연방대법원의 대통령 재임 중 행위에 대한 면책은 다른 트럼프의 혐의에도 광범위하게 연결된다. 예를 들어 성추문 입막음 돈 재판과 관련해서도 뉴욕 주 대법원은 이 같은 유죄 평결이 면책 인정의 영향을 받을지 여부를 결정해야 한다. 이 결정도 역시 대통령 선거 이후인 11월 12일로 미뤄져 있다. 트럼프의 변호사들은 트럼프가 대통령에 재직하던 2017년의 문서와 증언은 트럼프의 공식적인 행위의 일부로 간주돼야 하고, 법 집행기관이 접근할 수 없는 것이라 주장하고 있다.

트럼프의 법무부 개편 공언들

트럼프 당선인은 이 같은 수사들이 '정치적 기소'였으며 자신이 정치적인 탄압을 받았다고 반복해 주장했다. 그는 2024년 9월 해리스와의 토론회에서도 "저들은 내가 민주주의에 위협이 된다고 이야기한다"며 "하지만 저들은 아무 성과도 거두지 못한 가짜 러시아 스캔들 수사로 민주주의를 위협했던 적이 있다"고 말했다.

메릭 갈런드 법무장관 등 바이든 정부에서 일하는 관료들은 이 같은 주장에 반박하고 있다. 바이든 대통령의 아들 헌터 바이든과 민주당 소속인 에릭 아담스(Eric Adams) 뉴욕시장에 대한 기소 등에서 보듯 법무부가 공화당 측에 대한 정치적인 수사에 나서고 있다고 보는 것은 부당하다는 것이다. 실제 밥 우드워드 《워싱턴포스트(WP)》 부편집장의 신간 《전쟁(War)》에는 바이든 대통령이 사석에서 갈런드

장관에 대한 강한 불만을 표시했다는 내용도 담겨있다.

트럼프는 대선에서 승리하면 법무부를 개편하겠다고 선거유세에서 여러 차례 공언했다. 트럼프의 법무부 개편 계획은 크게 두 가지로 축약된다. 첫째는 백악관의 명령에 절대적으로 복종할 확고한 보수주의자들로 법무부를 구성하는 것, 둘째는 중요한 결정이 관료들이 아닌, 행정부의 충성파 임명직에게 집중되도록 개편하는 것이다. 트럼프의 측근 스티브 배넌은 한 인터뷰에서 "트럼프는 법무부에 제도적인 문제가 있다고 생각한다. 단순한 인사 문제가 아니라 법무부를 개혁해야 한다"고 밝히기도 했다.

우선 트럼프의 측근들은 이 FBI의 법률고문직을 폐지하는 것을 지지한다는 로이터 보도가 있었다. 2017~21년 '트럼프 1기' 행정부 당시 FBI의 법률고문들은 트럼프 선거 캠프와 러시아 측 간의 접촉과 관련해 조사를 승인했는데, 이를 두고 공화당 측에서는 격분하는 반응이 나왔던 바 있다.

법률고문은 현재 진행 중인 수사, 기타 사안과 관련해 FBI 측에 법률적인 자문을 제공한다. 이를 폐지하면 FBI는 지휘계통상 신임 법무장관으로부터 법률 자문을 받게 될 개연성이 크다. 별도의 정치적인 감독 없이 FBI가 정권의 의도에 따라 수사에 나설 수 있다는 의미다.

또 트럼프 측근들은 행정부의 수장인 대통령이 법무부를 지휘하고 감독할 수 있는 광범위한 권한을 가져야 한다는 입장이다. 법무부가 초당파적 방식으로 사법을 집행해야 하는 만큼, 상당한 수준의 독립성이 필요하다는 것이 지배적인 견해였지만, 이를 뒤집을 수 있다는 것이다.

트럼프 측근들은 '트럼프 2기 행정부'에서는 확고한 보수주의자들이 법무부의 요직을 차지해야 한다는 인식도 갖고 있는 것으로 전해졌다. 트럼프는 '1기 행정부' 출범 초기 몇 달간 법무장관, FBI 국장과 대립각을 세웠던 바 있다. 이 같은 일을 반복하지 않겠다는 것이 공화당 측 의지로 풀이된다.

트럼프는 이 같은 작업을 바탕으로 정적(政敵)들에 대한 수사에 나설 수도 있다. 그는 자신의 소셜미디어(SNS) 트루스소셜에 올린 글에서 바이든 대통령을 특검이 수사하도록 하겠다고 공언하기도 했다.

트럼프는 오랜 기간 법무장관을 독립적인 법 집행자라기보다는 개인 변호사와 같은 역할을 해야 한다고 믿어왔다. 연방대법원의 대통령 재임 중 면책 인정 결정은 대통령으로서 그의 행위에 대해 광범위한 면책을 받을 수 있다. 또 현직 대통령에게는 사면권이 주어지기에 트럼프의 측근들도 보호할 수 있다.

트럼프 2기 행정부의 법무장관으로 거론되는 인물들은 하나같이 '트럼프 충성파'로 꼽히는 인물들이다. 트럼프는 1기 행정부 당시 제프 세션스와 윌리엄 바를 법무장관으로 임명한 것에 대해 공개적으로 유감의 뜻을 밝히기도 했다.

트럼프 2기 법무장관 후보로는 트럼프 1기 정부에서 국가정보국장을 지낸 존 랫클리프와 전 미주리 주 법무장관이었던 에릭 슈미트

(Eric Schmitt) 연방 상원의원(미주리), 마이크 리(Michael Lee) 연방 상원의원(유타) 등이 언급되고 있다. 이들보다는 후 순위로 알려졌지만, 톰 코튼(Tom Cotton) 연방 상원의원(아칸소)의 이름도 거론되기도 했다.

또 트럼프는 미주리 주 법무장관 앤드류 베일리(Andrew Bailey), 캔자스 주 법무장관 크리스 코바흐(Kris Kobach) 등에 대해 좋은 인상을 갖고 있는 것으로 알려졌다. 이들은 바이든 정부의 정책에 공개적으로 이의를 제기했던 인물들이다.

이민자 정책

대선 승리 이끈 불법이민,
대대적 추방 시작되나

미국은 강경한 정책을 원했다

"2016년 대선에서 '이민 문제'를 내세운 도널드 트럼프 전 대통령이 이번 선거에서도 같은 카드를 꺼내들었다."

미국 워싱턴DC 소재 싱크탱크 '이민 정책연구소(MPI)'의 무지피르 취스티 수석 연구원은 도널드 트럼프 당선자가 이번 대선에서 내놓은 이민 공약을 이렇게 요약했다. '불법 이민' 척결을 타깃으로 한 그의 공약이 트럼프 행정부 1기(2017-2021)에서 실행되거나 검토됐던 정책과 매우 유사하다는 뜻이다. 실제로 대선을 두 달가량 앞둔 지난 9월 미국의 주요 싱크탱크 피터슨국제경제연구소(PIIE)가 분석한 '트럼프와 해리스의 이민 공약'에 따르면 트럼프 대통령이 이번 대선 당시 내놓은 이민 정책 14개 가운데 8개(57%)가 트럼프 행정부 1기에서 다뤘던 내용인 것으로 나타났다.

트럼프 당선자 이민 정책 주요 공약

미국 역사상 최대 규모의 불법 이민자 추방

미국 출생자 시민권 부여 자격 박탈

미국-멕시코 국경 장벽 추가 건설

감염병 근거 추방 행정명령 '타이틀42' 부활

친팔레스타인 시위 참여한 유학생 추방

자료=피터슨국제경제연구소(PIIE)

실제로 트럼프 당선자의 대선 공약은 트럼프 행정부 1기와 매우 유사하다. 대표적인 사례가 '미국-멕시코 국경 장벽' 건설 재개다. 그는 집권 시 200마일(321km)의 국경 장벽을 추가로 건설하겠다고 공약했다. 현재 미국-멕시코 간 건설된 국경 장벽은 총 654마일로 국경선(1,933마일)의 33%에 달한다. 이중 트럼프 행정부 1기 동안 건설된 장벽의 길이는 총 458마일(약 737km)로 매우 큰 비중을 차지한다. 그의 공약대로 국경 장벽이 추가 건설될 경우 총 길이는 854마일로 전체 국경선의 44%에 해당한다. 남부 국경의 약 절반에 장벽을 쳐 불법 입국을 시도하는 이들을 원천 차단하겠다는 구상이다.

지난 정책을 재탕하는 사례는 이뿐만이 아니다. 그는 집권 시 대통령의 권한으로 미국의 난민 프로그램을 일시 중단하는 한편, 일부 이슬람 국가의 국민들을 입국 금지 조처할 것이라고 으름장을 놨다. 또 코로나19 유행 초기 시행했던 '타이틀42' 행정명령을 다시 부활

도널드 트럼프 당선자가 대통령 재임 시절인 2018년 3월 캘리포니아주의 미국-멕시코 국경 장벽을 방문한 모습. 그는 이번 대통령 선거 공약에서 국경 장벽 추가 건설을 약속했다.

시키겠다고 했다. 타이틀42는 코로나19 확산 방지를 위해 시행한 이민자 추방 정책이다. 그는 타이틀42를 되살려 심각한 독감, 결핵 등 전염성 질병을 이유로 미국에 입국을 시도하는 이민자들을 추방하겠다고 공언했다.

그가 새롭게 내놓은 이민 정책은 한층 더 과격하다. 이미 미국에 들어와 있는 불법 이민자들을 대량 추방하겠다는 선언은 이번 대선을 통해 새롭게 등장한 공약이다. 트럼프 당선자는 대선 당시 공약으로 '미국 역사상 최대 규모의 국내 추방 작전'을 시행하겠다고 밝혔다. 불법 이민자들을 별도의 이민자 수용소에 몰아넣은 뒤 신속히 추방하겠다는 계획이다. 반이민 싱크탱크인 이민연구센터(CIS)의 스티븐 카마로타 연구 책임자는 "현행법을 최대한 시행할 경우 미국 정부는 연간 100만 명 이상의 이민자를 추방할 수 있다"고 추정치를 내놓기도 했다.

심지어 미국의 헌법상 원칙마저 거스르는 공약도 있었다. 트럼프 당선자는 미국에서 출생한 사람에 시민권을 부여하는 '출생시민권제'를 폐지하겠다고도 '공언했다. 이는 수정 헌법 제14조에 규정된 '속지주의' 원칙에 반하는 공약이었다. 그는 "불법 이민자의 자녀에게 자동으로 시민권을 부여하는 것을 중단하겠다"며 "연방기관에 이를 중단하도록 행정명령을 내릴 것"이라고 밝혔다. 불법 이민자의 자녀마저 미국 땅에 발을 붙이지 못하도록 하겠다는 뜻이다.

건조하게 공약만 내세운 건 아니었다. 트럼프 당선자는 대선 유세 기간 내내 이민자들에 대한 혐오 발언을 쏟아냈다. 그는 대통령 선거일을 한 달여 앞둔 시점에 보수 성향의 라디오 〈휴 휴이트 쇼〉와의 인터뷰에서 "열린 국경을 통해 사람들이 들어오도록 허용하고 있다. 그중 1만 3,000명은 살인자였다"며 "살인자는 그 유전자를 갖고 있다. 이제 우리 주변엔 나쁜 유전자가 많이 있다"고 말했다. 이어 "미국에 들어오면 안되는 42만 5,000명의 사람이 들어와 있다"며 "그들은 범죄자"라고 비판했다.

외신에 따르면 트럼프 당선자의 공약 중에는 미국 현행법상 불가능해 보이는 공약들이 적지 않다. 이민자가 나쁜 유전자의 소유자이며 범죄자라는 그의 주장에도 구체적인 근거와 설득력은 부족하다. 그럼에도 트럼프 전 당선자의 강력한 반이민 정책을 지지하는 이들은 많다. 대선 상대였던 민주당 소속 카멀라 해리스 부통령의 이민 정책을 지지하는 이들보다 많은 숫자다.

지난 9월 글로벌 여론조사업체 입소스(IPSOS)가 미국 유권자

1,027명을 상대로 실시한 여론조사 결과, 이민 문제를 잘 해결할 수 있을 것이라고 믿는 후보는 누구냐는 질문에 응답자의 44%가 트럼프 당선자를 꼽았다. 해리스 부통령은 34%로 그보다 낮았다. 당시 입소스는 여론조사 결과에 대해 "선거에서 이민에 관한 점이 빈번하게 이슈가 될 경우 트럼프 전 대통령이 더 많은 이익을 얻을 수 있다"고 평가했다.

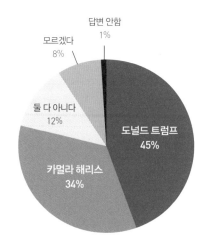

이민 문제를 잘 해결할 대선 후보는?

- 도널드 트럼프 45%
- 카멀라 해리스 34%
- 둘 다 아니다 12%
- 모르겠다 8%
- 답변 안함 1%

*지난 9월 13~15일 18세 이상 미국 성인 1027명 대상으로 실시한 여론조사 *자료=입소스(Ipsos)

트럼프 당선자의 공약은 불법 이민 근절을 넘어 '이민자' 혐오로 비칠 정도로 분명히 과격했다. 실현 가능성에 물음표가 붙는 공약도 있었다. 그럼에도 불구하고 그는 불법 이민 문제와 관련해 해리스 부통령보다 이슈 장악력에서 우위를 점했다. 불법 이민에 대한 무관용 의지가 대선 승리의 주요인으로 작용했다는 분석도 있다. 왜 미국 유권자들은 '불법 이민'에 그토록 민감해졌을까.

불법 입국 폭증한 바이든의 실패 덕에 트럼프 승기

2020년 미국 대선 당시 조 바이든 대통령은 도널드 트럼프 전 대통령의 미국-멕시코 간 국경 장벽 설치를 맹비난했다. 2021년 취임 이후에는 이를 중단시켰다. 당시 백악관은 "트럼프 정부의 국경 정책은 잔인했다"며 "바이든 대통령은 트럼프 정부의 이민 정책을 뒤집는 것이 최우선 과제임을 분명히 했다"고 밝혔다. '유화적 이민 정책'을 본격적으로 펼치겠다고 예고한 것이다. 인권을 이유로 불법 이민자에도 관대한 입장을 취해야한다는 입장이 민주당에 '상식'인 시절이었다.

그러나 민주당의 상식은 멕시코 국경을 넘어 몰려든 이민자들 앞에 점점 무력해지기 시작했다. 쿠바, 베네수엘라, 아이티 등 중남미 국가들이 코로나19 팬데믹과 우크라이나 전쟁으로 인해 물가가 폭등하며 경제난을 겪자 해당 국가의 주민들이 멕시코를 통해 국경을 넘는 사례가 늘면서 통제 불능의 수렁으로 빠져든 것이다.

바이든 행정부는 밀입국을 방지하기 위해 망명 신청 시스템을 강화했다. 미국 세관국경보호국(CBP) 애플리케이션으로 하루 최대 1,450명의 망명 사전 신청을 받는 방법이 골자다. 아이티, 베네수엘라, 쿠바, 니카라과 등 중남미 4개국 출신 이민자에게는 최대 수용 정원 3만 명을 한도로 '인도적 체류'를 허용했다. 합법적인 이민의 길을 열어놓겠다는 취지였지만 몰려드는 이민자 앞에는 역부족이었다. 미 CBP에 따르면 도널드 트럼프 행정부 집권 말기인 2020년 48만여 건에 불과했던 미국-멕시코 국경 불법 월경 건수는 2023년 247만여 건까지 폭등했다.

미국-멕시코 국경 불법 월경 건수

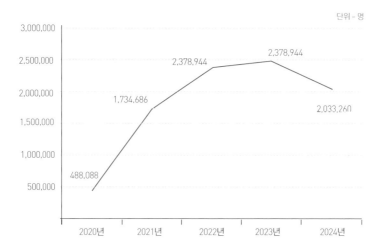

단위 = 명

불법 월경 사례가 늘어나자 미국인들의 불안감도 한층 커졌다. 트럼프 당선자는 이를 놓치지 않았다. 그가 속한 공화당은 이민자들을 내부 일자리를 뺏어가는 이들로 '타자화'하고 범죄 발생의 원인으로 삼는 레토릭을 구사하며 유권자들의 불안 심리를 한층 자극했다. 특히 미국 사회의 심각한 사회 문제로 대두된 마약 '펜타닐' 범람을 바이든 행정부의 국경 관리 실패와 연관짓는 전략을 폈다. 이민자들에게 유화적인 바이든 정부의 정책이 미국 내 펜타닐 범람 때문이라는 주장이다.

트럼프 대선 캠프는 트럼프 당선자의 지난 3월 남부 국경 지역 방문과 관련해 성명을 내고 "바이든의 실패로 국경은 900만 명 이상의 불법 이주민, 27t의 치명적 펜타닐, 위험한 범죄자들의 월경이 발생한 범죄 현장(crime scene)"이라고 비판했다.

　　미국의 유권자들이 불법 이민 문제를 얼마나 중요하게 생각하는 가는 여론조사에서도 확인됐다. 갤럽이 지난 2월 1~20일 미국의 성인 1,016명을 대상으로 여론 조사를 실시한 결과, 응답자의 28%가 미국이 직면한 가장 중요한 사안을 '이민 문제'로 꼽았다. 정부(20%), 경제 일반(12%), 인플레이션(11%), 빈곤·굶주림·노숙(6%) 등이 뒤를 이었다. 멕시코 국경을 통한 이주민의 불법 입국이 급증하면서 미국민들이 느껴야 했던 불안감을 단적으로 보여주는 결과였다.

　　미국민들의 불안감이 악화되자 바이든 행정부도 집권 초기 내걸

미국이 당면한 가장 중요한 문제 설문조사 결과

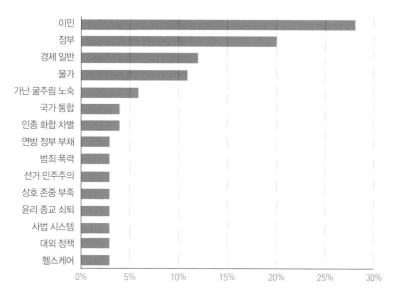

*지난 2월 1-20일 미국의 성인 1,016명을 대상으로 실시된 여론 조사. 자료=갤럽

었던 유화적 이민 정책에서 선회했다. 트럼프 행정부 1기 코로나19 확산 우려로 미국–멕시코 국경에서 불법 입국자들을 강제추방하도록 허용한 연방 공중보건법 '타이틀42' 폐기를 지연시킨 것이 단편적인 예다. 바이든 대통령은 임기 초 폐기를 약속했으나, 지난해 5월까지 존속시켰다.

당시 《워싱턴포스트》는 타이틀24의 계속 시행과 관련해 "바이든 행정부의 최대 정치적 약점인 이민자 문제를 해결하기 위한 것"이라고 꼬집었다. '강제 추방'을 앞세웠던 전임 트럼프 행정부의 이민자 정책을 비판해온 바이든 행정부가 모순된 행보를 보이고 있다는 비판도 끊이지 않았다.

대선 국면이 본격화된 올해엔 이민 정책에 온탕과 냉탕을 오가는 모습을 보이기도 했다. 바이든 대통령은 지난 6월 불법 이민자 문제 완화를 위해 행정명령을 발표했다. 허가 없이 불법으로 미국으로 넘어온 이들의 체류를 제한하는 것이다. 남부 국경에서 체포된 불법 입국자 수가 7일간 일평균 2,500명을 넘을 때 명령이 발효된다는 조건이다. 당시 백악관은 이민 관리 공무원들이 합법적인 미국 체류 서류가 없는 이들을 추방하기 수월해질 것이라고 평가한 바 있다. 트럼프 당선자는 행정명령 발표 당시 자신의 소셜미디어 트루스소셜에 올린 글에서 "4년 가까운 실패 끝에 조 바이든은 마침내 국경 문제에 대해 무언가를 하려는 척하고 있다"며 "이것은 모두 '쇼'"라고 비판했다.

바이든 대통령은 이 같은 '이민자 강경책'이 발표된 지 2주 만에 다시 불법 이민자에 대한 유화적 정책을 발표하면서 '오락가락' 행보라는 비판에 직면해야 했다. 입국 서류를 갖추지 못한 불법 이민자라도 미국 시민권자와 결혼해 10년간 체류했다면 취업 허가를 받고 영주권까지 획득할 수 있다는 내용이 골자다. 같은 불법 이민자여도 미국 시민권자와 결혼해 체류했다면 합법 이민자로 볼 수 있다는 발상에서 나온 정책인 셈이다. 《월스트리트저널(WSJ)》은 "불법 이민자 가족이 있는 라틴계 유권자들의 반발을 우려해 백악관 비서진들이 수개월 간 고민했다"며 "미국에 오래 거주한 이주민에게 혜택을 줄 필요가 있다고 판단한 것"이라고 설명했다. AP통신에 따르면 미국 시민권자와 결혼한 불법 이민자 49만 명이 해당 정책의 혜택을 받을 수 있을 것으로 추산했다.

전문가들은 이민 정책에 있어 '갈팡질팡'하는 바이든 행정부의 행보를 수세적이라고 평가했다. 공화당이 국경 문제를 두고 "바이든 행정부의 실패"라며 공세를 펴는 데 대한 대응에 급급해 앞뒤가 맞지 않는 모순된 행보를 보이고 있다는 것이다. 과달루페 코레아-카브레라(Guadalupe Correa Cabrera) 조지메이슨대 교수는 BBC에 "보통 공화당이 이 문제를 의제로 설정하고, 바이든 대통령은 방어적으로 행동했다"며 "임기 내내 이런 패턴을 보이고 있다"고 말했다. 결국 '불법 이민' 이슈에서 갈팡질팡하는 민주당보다 선명성을 앞세웠던 트럼프 당선자의 전략이 주요했다는 의미다.

불법 이민자의 기여를 무시한 트럼프의 정책, 실현 가능성 있나

트럼프 당선자의 화끈한 이민 공약은 유권자들의 마음을 사로잡는 데는 성공했다. 그러나 미국 내에서는 실현 가능성에 의문을 품는 목소리도 나온다. '미국 내 불법 이민자 대량 추방' 공약이 특히 그렇다. 불법 이민자들이 정착하면서 미국 사회에 기여하는 부문이 적지 않아서다. 대다수의 불법 이민자들은 미국에서 일하며 세금을 내는 데 반해 미국 정부의 예산이 들어가는 사회복지 프로그램의 혜택은 거의 받지 못한다. 정부의 곳간을 채워주기만 하는 존재라는 뜻이다.

미국 사회의 노동력과 정부의 세수를 책임지고 있는 불법 이민자들이 대거 추방될 경우 예상되는 후폭풍은 만만치 않다. 세수 감소뿐 아니라 부족해진 노동력이 임금 상승을 불러와 인플레이션을 자극할 수 있는 우려가 현실이 될 수 있어서다.

펜실베이니아대 와튼스쿨의 초당적 연구 그룹인 펜 와튼 예산 모형(PWBM)은 트럼프 대통령의 이민자 대량 추방 정책이 실행되면 10년간 1조 달러(약 1,370조 원) 이상의 비용이 들 것으로 전망했다. 불법 이민자들이 납부해왔던 소득세, 급여세 등 세원이 사라지는 데다 이들의 소비가 뒷받침해왔던 기업들의 실적에도 영향을 줄 수 있어서다. 기업들이 내는 법인세액에도 타격이 불가피하다는 뜻이다. 특히 텍사스와 캘리포니아같이 이민자들이 전체 노동력의 10% 이상을 담당하는 지역은 타격이 더 클 수 있다.

PWBM은 구체적으로 100만 명의 이민자 추방 시 10년간 연방정부가 400∼500억 달러의 비용을 감당해야 한다고 분석했다. 고임금 근로자인 이민자의 경우 최대로 발생할 수 있는 비용은 1,000억 달러로 예상된다고 덧붙였다.

포스코경영연구원도 〈美 대선 트럼프 당선 가능성과 미국의 인플레이션〉 보고서에서 "이민 제한을 강화하는 트럼프의 이민 정책은 고숙련 및 저숙련 노동자의 이민을 모두 제한해 인플레이션을 촉진시킬 것으로 예상한다"고 밝혔다.

감세 정책

감세로 낙수효과 노리는 트럼프,
서민 살림살이 나아질까

감세와 면세 정책

미국 사회의 경제적 양극화가 심화되는 가운데 도널드 트럼프는
이를 해소하기 위해 기업과 일자리를 활성화시키는 방안을 추진할
계획이다. 먼저 파이를 키우고 이를 서민 지원에 쓰겠다는 방식이
다. 구체적으로는 감세가 트럼프 서민 정책의 기반이다.

트럼프는 지난 2017년 재임 당시 연방 법인세율을 35%에서
21% 낮추는 등 감세와 일자리법을 시행했다. 이번 대선에서는 2025
년 만료되는 개인소득세율 인하, 표준공제 증가, 자녀세금공제(CTC)
확대, 상속·증여세 면세 한도 상향 등 감세 조치를 영구히 연장할 것
을 공약했다.

법인세는 더 과감하게 내린다. 미국 국내 제조기업 법인세는
15%로 낮추겠다는 입장을 밝혔다. 이번 대선에서는 근로자를 위한

대규모 세금 감면도 언급했다.

팁에 대한 면세와 소셜시큐리티(노령연금) 면세, 초과 근무 수당에 대한 면세 등 전방위적인 감세를 공약했다. 트럼프는 감세가 기업 투자, 가계 소비 여력을 늘려 경제성장과 세수 증대로 이어진다는 입장이다. 트럼프는 또한 신용카드 이자 상한선을 한시적으로 약 10%로 제한하겠다고 밝혔다.

트럼프는 또한 "미국에서 생산된 자동차의 경우라면 자동차 대출 이자를 전액 세금 공제할 것"이라고 공약했다. 이는 자동차 노동자의 표심을 노린 공약으로 분석된다. 자동차 대출에 대한 이자를 연방 세금 신고 시 주택담보대출(모기지) 이자의 공제처럼 취급하겠다는 의미다.

아울러 최근 미국에서 자동차 보험료가 크게 오르는 추세인데, 트럼프는 보험료를 절반으로 깎을 것이라고 밝혔다.

일자리 창출과 주택 지원

트럼프 정책 중 감세 외 직접적으로 서민이나 중산층을 지원하는 정책은 많지 않다. 다른 대부분 정책이 미국 내 제조업 부활과 일자리 창출을 통한 경제성장을 목표로 하고 있다. 이를 통해 자연스럽게 서민과 중산층의 살림살이가 나아질 것이라는 게 트럼프의 주장이기 때문이다.

예를 들어, 인플레이션 감축법(IRA)으로 대표되는 친환경 산업 정책을 폐기하고 자동차 등 전통 제조업과 자국 내 반도체 생산 확충에 집중한다는 방침이다. 미국 내 일자리를 확대를 목표로 제조업 육성을 위해 미국 외 공급망에 대한 가혹한 수준의 패널티를 부과하는 극단적 보호무역 장벽이 구축될 전망이다.

트럼프 대통령은 서민과 중산층의 부담을 줄인다는 명목으로 기준금리 인하를 압박할 계획이다. 트럼프는 미국 중앙은행인 연방준비제도(연준)이 기준금리를 내려야 한다고 여러 차례 강조한 바 있다. 경기 부양을 위해 금리 인하를 압박하고 연준을 압박하는 등 연준의 독립성이 약화될 가능성이 크다. 트럼프는 지난 2019년 자신이 임명한 파월 의장이 금리 인하 요구를 받아들이지 않자 파월을 '미국의 적'이라고 공개적으로 비판한 바 있다.

이민정책도 마찬가지다. 트럼프는 서민층과 중산층 일자리 보호를 위해 적대적인 이민정책을 추진할 계획이다. 트럼프는 "역사상 최대 규모로 불법 이민자를 추방할 것"이라고 경고하기도 했다. 이 경우 100만 명 이상의 이민자가 추방될 것으로 전문가들은 내다보고 있다.

트럼프는 중산층 주거 지원도 추진할 계획이다. 그는 "미국에서 다시 주택을 이용할 수 있게 만들겠다"는 구호를 내걸고 대규모 주택 공급 확대를 공약으로 내세웠다. 그는 연방 국유지에 초저율의 세금을 적용하고 규제를 대폭 완화하겠다고 강조했다.

지난 트럼프 캠프에서도 "새집을 건축하는 데 드는 비용의 30% 가 규제에서 비롯된 것"이라며, "이를 거의 없애면 건축업자들이 연방 국유지에 대거 주택을 건설하고 미국민 다수가 이용할 수 있는 합리적인 가격에 공급할 것"이라고 밝혔다.

주택 시장 전문가들은 "공공주택 확충 공약과 금리 인하가 맞물리면서 주택 시장에 긍정적인 영향을 미칠 것"이라고 전망했다.

실현 가능성 있는 정책일까

다만 이 같은 트럼프의 공약에 대해 가격 통제와 같은 정책은 실현 가능성이 낮다는 주장도 제기된다. 예를 들어, 자동차 보험료를 절반으로 깎는다거나 신용카드 이자 상한선을 10%로 제한하게 되면 부작용이 생길 수 있다. 자동차 보험료를 인위적으로 인하하면 보험금도 함께 낮아질 수 밖에 없고 보험사의 수익성이 크게 저하될 수 있다. 아울러 신용카드 이자 상한선을 10%로 제한하면 저신용자들의 신용카드 발급이 크게 줄어들 수 있다. 이는 오히려 서민과 중산층에 반하는 정책으로 이어지게 된다.

한편 트럼프의 서민 관련 정책을 두고 경제학자들 사이에서는 소기의 목적을 달성하기 쉽지 않다는 분석이 많다. 예컨대, 대규모 이민자 추방은 노동력 상실과 높은 인플레이션, 경제성장 둔화로 이어질 수 있기 때문이다.

니나 흐루셰바(Nina Khruscheva) 뉴욕 뉴스쿨 국제관계학 교수는 "이민자들이 없다면 농산물 수확이나 요양원의 침대보 교체 등 저임금의 기피 직종을 채우기 어려울 것"이라고 경고했다. 실제 트럼프는 불법 이민자들이 떠나고 남은 일자리는 미국 토박이들의 몫이 될 것이라 주장하지만 미국인들이 기꺼이 힘들고 어려운 업종을 감당할지는 의문이다.

또 다른 문제는 인플레이션이다. 트럼프의 감세 정책과 금융통화 정책 완화 등은 인플레이션으로 이어질 수 있다. 인플레이션은 고소 득자보다 중산층과 서민에 더 타격을 입히기 마련이다.

특히 전문가들은 트럼프가 수입품에 부과할 고율 관세의 비용을 미 소비자들이 부담할 것이라는 평가다. 트럼프는 모든 수입품에 10%의 관세를 매기고, 중국산 수입품에 대해서는 60% 이상의 고율 관세를 부과하겠다고 예고한 바 있다. 실제 필립 다니엘 오토존 최 고경영자(CEO)는 "우리는 관세 비용을 소비자에게 전가할 것"이라 고 말했다.

공화당 상원의원 보좌관 출신으로 보수 성향의 맨해튼 연구소에 서 일하는 브라이언 리들(Brain Riedl) 교수는 "모든 것을 종합하면 인 플레이션을 부추기는 방향으로 더 많이 움직이고 있다"면서 "2025 년 인플레이션이 악화될까 봐 걱정된다"고 말했다.

인플레이션 우려는 시장에서 이미 예견되고 있다. 대선을 약 보 름 남겨두고 미국 국채금리가 지속적으로 오른 것도 이 때문이다. 연준이 통화정책 완화를 선언하고 앞으로 금리 인하 수순이 될 마 당에 국채금리가 오르는 것은 트럼프 효과 말고는 달리 설명되기 어렵다.

트럼프가 추진하는 중국과의 대립 구조 역시 미국 서민과 중산 층에게는 달가운 소식이 아니다. 중국에 높은 관세를 부과하게 되면 결국 더 비싸진 중국산 물품을 서민들이 부담해야 한다. 아울러 최

첨단 반도체 등 이른바 보안 물품에 대한 대(對) 중국 수출을 더 제한하게 되면 미국 기업들도 수익성이 제한될 수 있다.

PART 4

도널드 트럼프의
파워엘리트

트럼프 행정부 2기를 이끌
새로운 사람들은 누구일까

당선자가 지나온 길

성공한 기업가에서
세계를 움직이는 스트롱맨으로

어린 시절부터 배짱 있고 거친 성격

트럼프는 1946년 6월 14일 프레드릭 크리스 트럼프 시니어와 아내 메리 앤 맥클라우드 사이에서 다섯 자녀 중 넷째로 태어났다. 트럼프의 어머니는 스코틀랜드에서 태어나 1930년에 미국으로 이민을 왔고, 아버지는 독일 이민자의 아들로 뉴욕에서 태어났다. 트럼프는 뉴욕시 퀸즈 구역의 고급 주거 지역인 자메이카 에스테이츠에서 어린 시절을 보냈다.

트럼프의 아버지인 프레드릭 트럼프는 'E. 트럼프 앤드 선(E. Trump & Son)'이라는 부동산 회사를 소유하고 운영했다. 이 회사는 뉴욕주 내 퀸즈, 브루클린, 스태튼 아일랜드의 중산층 백인 가족을 위해 주택을 개발하는 일을 했다.

트럼프는 어린 시절부터 배짱이 두둑하고 경쟁심이 강한 성격이었다. 어린 시절 트럼프는 유모와 함께 공사 중인 뉴욕시의 하수도 아래로 도시 탐험을 떠난 적이 있다. 유모는 트럼프가 5살 나이에도 어둠 속에서 겁을 먹지 않아 놀라워했다.

초등학교 시절에는 경쟁심이 강하고 곧잘 화를 내는 거친 성격으로 인해 종종 친구들과 다투기도 했다. 야구 경기를 하다 아웃이 되면 화를 이기지 못해 배트를 부쉈다. 동급생과 싸우던 중 빗자루로 가격당하자 친구를 2층 창문 밖으로 밀어내려 해 주변 학생들이 그를 저지했던 사건도 있었다.

부모는 문제 행동으로 학교에서 종종 징계를 받던 트럼프에게 규율을 지키는 법을 가르치기 위해 그를 뉴욕 군사학교에 입학시킨다. 고등학교 시절을 군사학교에서 보낸 트럼프는 더 크고 근육질이 되었으며 강해졌다.

그는 뉴욕시의 포덤 대학교에 입학한 후 펜실베니아 대학교로 편입했으며, 1968년 펜실베니아 대학교 와튼스쿨에서 경제학 학사 학위를 받았다.

트럼프는 대학 재학 중 필라델피아 부동산에 투자하면서 사업 경력을 시작했다. 학업을 마친 후에는 뉴욕으로 돌아와 아버지의 회사에 합류했다.

경력 초반에는 회사에서 아프리카계 흑인을 차별했다는 스캔들이 불거지며 대중의 비판을 받기도 했다. 1973년 미 법무부에게 트럼프의 회사가 아프리카계 미국인 임차인을 차별한 혐의로 고발되었고, 회사는 흑인에게 더 많은 아파트를 임대하기로 합의했다.

항공기 조종사였던 형 프레드는 1981년에 알코올 중독으로 사망했다. 후일 트럼프는 형의 알코올 중독이 자신이 술을 마시지 않는 이유라고 밝혔다.

부동산 재벌로 이름 알리며 성공한 사업가로

트럼프가 합류한 후 E. 트럼프 앤드 선은 뉴욕시 외부의 버지니아, 오하이오, 네바다, 캘리포니아 등지에서 부동산을 구입했다. 동시에 트럼프는 회사의 부동산 사업을 뉴욕 외부에서 맨해튼으로 확장하는 데 관심을 보였다. 이 지역은 전통적으로 더 부유한 계층이 거주하는 상류 사회 지역으로 알려져 있다. 1970년대 중반에 접어들면서 회사는 맨해튼의 고층 빌딩에 투자를 시작한다.

트럼프가 진행한 첫 대규모 프로젝트는 1976년 파산 상태였던 펜 중앙 철도의 코모도어 호텔 부지에 그랜드 하얏트 호텔을 개발한 것이다. 트럼프는 하얏트 호텔 체인 관계자와의 연줄과 아버지의 정치적 영향력을 활용해 뉴욕시 정부와 특별 합의를 성사시켰다. 그는 호텔에 대해 40년 세금 감면을 약속받은 뒤 이를 토대로 코모도어 호텔이 자신과 하얏트에게 건물을 매각하도록 설득했다.

1980년대에 접어들면서 트럼프는 주요 부동산 개발자로서의 명성을 확립했다. 뉴저지에 36층짜리 숙박 시설인 트럼프 플라자가 들어섰으며 상업시설과 오피스, 주거 시설이 한데 모여 있는 트럼프 타워가 뉴욕시내에 우뚝 솟았다. 그는 또한 카지노 사업에 손을 뻗으며 트럼프 플라자 호텔과 트럼프 캐슬을 건설했다.

이어 트럼프는 영화 〈나홀로 집에 2〉와 프로레슬링 프로그램 〈WWE〉에 출연하는 등 다양한 분야에서 활동하며 유명세를 얻었다. 미스 유니버스, 미스 USA, 미스 틴 USA 등 미인 대회의 소유자이기 도 했는데 관련 방송에 직접 출연하기도 했다.

다만 사업 확장을 위해 무리하게 대출을 일으키면서 회사는 이내 심각한 재정적 위기에 직면한다.

1990년 트럼프의 아버지인 프레드릭 트럼프는 카지노가 이자를 지급할 수 있도록 트럼프 캐슬에서 300만 달러 이상의 카지노 칩을 구매했다. 이것이 이후 불법 대출로 간주되면서 추후 뉴저지에서 6만 5,000달러의 벌금을 물기도 했다.

이 시기 트럼프 타지마할과 트럼프 플라자 호텔 등 트럼프 소유 회사 두 곳이 파산을 신청했다. 그 후 몇 년 동안 트럼프는 파산 보호를 통해 부채 상환을 이어갔다. 트럼프는 이를 회상하며 "나는 이 나라의 법률을 이용해 부채를 줄였다"고 설명했다.

또한, 그는 상장 회사를 설립하여 재정적 책임을 줄여나가고 일반 대중에게 주식을 판매했다. 그러나 2004년 회사는 수익을 내지 못하고 대출을 상환하지 못해 결국 파산 보호를 신청했으며, 트럼프는 주식 보유율을 27%까지 줄여 회사에서의 적극적인 역할을 포기했다.

사업에는 실패했지만 '성공한 사업가'로서의 명성과 이미지는 그대로 유지됐다. 특히 트럼프는 2004년 NBC 리얼리티쇼 〈어프렌티스〉에 출연해 사업가 이미지를 대중에게 각인시킨다. 〈어프렌티스〉

는 참가자의 비즈니스 능력, 리더십, 팀워크 등을 평가하며 최종 승자를 트럼프의 회사에 고용하는 형식으로 패자는 '당신은 해고야(You're Fired)'라는 대사를 듣고 탈락하게 된다.

다만 2015년 대통령 선거 출마를 발표할 당시 트럼프의 카지노 사업은 운영이 완전히 중단된 상태였다. 트럼프는 도박 경기가 전반적으로 쇠퇴한 점을 사업 실패 원인으로 지목했다.

정계 진출과 대통령 당선, MAGA의 서막

트럼프는 부동산 사업가로 명성을 얻었을 무렵인 1987년 처음으로 대선 출마를 암시하기 시작했다. 2012년에는 공화당 후보로 출마를 고려하기도 했다.

트럼프가 공식적으로 출마를 선언한 것은 2016년 대선을 1년 반가량 앞둔 시점이다. 2015년 6월 대선 출마 연설에 나선 그는 "미국을 다시 위대하게 만들 것"이라고 약속하며 돌풍을 일으켰다.

그는 이 연설에서 자신의 부와 사업 성공을 과시했으며 멕시코가 미국으로 마약, 범죄자, 강간범을 보낸다고 비난했다. 또한, 멕시코에 국경 장벽 건설 비용을 부담시키겠다고 공언했다. 그는 또 자신이 당시 시리아에서 악명을 떨치던 이슬람 테러조직 이슬람국가(ISIS)를 물리칠 적임자라고 주장했다.

'미국을 다시 위대하게(Make America Great Again)'라는 구호 아래 유권자들의 집중적인 관심을 받은 트럼프는 공화당 내 경쟁자들을 쉽게 제치고 민주당의 힐러리 클린턴과 맞붙게 됐다.

트럼프의 대선 캠페인은 초반부터 수많은 논란에 휩싸인다. 특히 여성을 성적 대상화하는 내용의 음담패설 녹취록이 유출되면서 당 안팎으로부터 사퇴 압박을 받기도 했다. 트럼프는 전체 선거 기간 동안 여론조사에서 뒤처졌다. 그러나 결과는 반전이었다.

트럼프는 정치 분석가들과 여론조사 기관의 예상을 뒤엎으며, 노련한 정치인인 힐러리 클린턴 전 국무장관을 상대로 놀라운 승리를 거머쥐었다.

트럼프는 정치 기득권에 실망한 유권자들과 노동계급 유권자를 결집시키는 데 성공했다. 특히 미시간, 위스콘신, 아이오와와 같은 공업지대인 러스트벨트 주에서 백인 노동자 계층의 압도적 지지를 받아 승리했다. 1980년대 이후 제조업 위기가 닥치면서 백인 노동자 계층이 몰락한 지역이다. 이 지역들은 오랫동안 민주당의 주요 기반 이었으나 트럼프가 산업 쇠퇴로 인한 노동자들의 울분을 자극하며 그 벽을 무너뜨렸다.

트럼프는 대선 캠페인 내내 미국의 성실한 노동자들을 위해 관세를 높여 일자리를 다시 미국으로 불러들이겠다고 목소리를 높였다. 환태평양경제동반자협정(TPP)과 북미자유무역협정(NAFTA, 나프타)과 같은 무역 협정 때문에 인건비가 낮은 중국과 멕시코로 생산기지가 옮겨 가면서 미국 내 일자리가 줄어들었다고 주장했다.

또한, 트럼프는 이민 문제를 그의 주요 공약으로 내세웠다. 미국 인의 일자리를 빼앗아가는 이민자들을 추방하고 멕시코와의 남부 국경에 장벽을 세우겠다고 약속했다.

자신들의 문제를 해결해주지 못한 기존 정치인들에게 실망한 미중서부 지역의 저학력 백인들은 트럼프에게 대거 표를 몰아줬다. 여론조사에서는 사회적 낙인이나 비판이 두려워 트럼프에 대한 공개적인 지지를 표하지 않았던 유권자들이 투표장에서 조용히 트럼프에게 표를 던지면서 '샤이 트럼프(Shy Trump)'라는 용어도 등장했다.

그렇게 그는 2017년 1월 20일, 미국의 45대 대통령으로 취임했다.

무역 전쟁을 선언하다

트럼프는 임기 동안 미국의 경제적 이익과 국가안보를 최우선으로 삼겠다는 입장을 고수했다.

트럼프는 취임 첫 해인 2017년 고소득층에 대한 세금 감면을 골자로 하는 세제 개혁을 추진한다. 이른바 '세금 감면 및 일자리 법안(TCJA, Tax Cuts and Jobs Act)'이 도입됐다.

기업의 투자를 유도하기 위해 법인세율을 35%에서 21%로 인하했다. 소득세 역시 최고 세율을 39.6%에서 37%로 낮췄다. 상속세의 면세 한도도 550만 달러에서 1,100만 달러로 인상됐다. 해외에서 얻은 수익에 대한 세금 구조도 개편되어, 기업들이 해외에서 얻은 수익을 미국으로 송금할 때 낮은 세율로 과세받게 됐다.

국내 세제를 다듬은 트럼프는 이듬해 무역 전쟁을 시작한다. 2018년 1월 트럼프는 태양광 패널과 세탁기에 각각 85억 달러와 18억 달러의 세이프가드 관세를 부과한다. 같은 해 3월에는 철강과 알루미늄 수입에 각각 25%와 10%의 관세를 부과하겠다고 발표했다.

미국은 이어 중국의 불공정 무역 관행과 지식재산권 침해를 겨냥하고 나섰다. 미국은 2018년 8월부터 500억 달러 규모의 중국산 수입품에 25%의 관세를 부과하기 시작했다. 중국은 이에 대한 보복으로 미국산 수출품에 동일한 규모의 관세를 부과하며 맞선다. 이에 미국은 9월 추가로 2,000억 달러 규모의 중국산 수입품에 10%의 관세를 부과한다.

무역협상에 진전이 없자 2019년 5월 트럼프는 중국산 수입품에 대한 관세를 10%에서 25%로 인상하겠다고 발표하고, 추가로 3,000억 달러 규모의 중국산 제품에 관세를 부과할 계획을 세웠다. 이에 2019년 말 미·중 간의 '1단계' 무역 합의가 이루어져 중국이 미국산 제품을 대량 구매하기로 하며 무역 전쟁이 일단락된다.

트럼프는 또한 불법 이민자에 대한 강경한 입장을 취했다. 그는 미국-멕시코 국경에 장벽을 세우는 계획을 세웠고, 이를 통해 국경을 통과하는 불법 이민자를 차단하고자 했다. 중앙아메리카 국가들로부터의 이민자 유입을 줄이기 위한 노력도 이어졌다. 이 과정에서 그는 불법 이민자에 대한 단속을 강화하고, 이민자 가족 분리 정책을 시행하여 논란을 일으켰다.

이와 더불어 트럼프의 행정부는 이민을 통한 범죄와 테러의 위험성을 강조하며 강력한 이민 정책을 펼쳤다. 그는 미국의 경제와 안전을 보호한다는 명분으로, 이민자에 대한 비자 정책을 강화하고 많은 이민자들이 귀국하도록 압박을 가했다. 이러한 조치는 그의 지지자들에게는 환영받았지만, 반대파와 인권 단체들로부터는 심각한 비판을 받기도 했다.

두 번의 탄핵과 코로나, 재선 실패를 딛고

국내 정치도 순탄하지는 않았다. 트럼프의 첫 임기 내내 극단적인 당파적 갈등 속에서 정치적 혼란과 충돌이 지속됐다. 트럼프는 미국 역사상 전례 없는 두 번의 탄핵과 재선 실패를 경험했다.

민주당이 장악한 하원은 2019년 그를 권력 남용과 의회 방해 혐의로 탄핵했다. 이는 트럼프가 우크라이나 대통령에게 다가오는 대선에서 민주당 후보로 유력한 조 바이든의 아들 헌터 바이든을 조사하라는 압력을 가한 사건에서 비롯되었다. 헌터 바이든은 당시 우크라이나의 에너지 회사인 부리스마의 이사로 일하고 있었다. 이 탄핵안은 2020년 2월 상원에서 부결됐다.

탄핵 정국에서 숨 돌릴 틈도 없이, 팬데믹 위기가 도래하면서 트럼프의 정치적 리더십을 다시 한번 시험대에 올려놓았다. 2019년 말 중국 후베이성 우한에서 처음 보고된 코로나바이러스가 빠르게 전 세계로 퍼져나간 것이다. 2020년 3월 세계보건기구(WHO)는 팬데믹(전 세계적 대유행 상태)을 공식 선언했다.

트럼프는 팬데믹 초기 "바이러스가 기적처럼 사라질 것"이라며 코로나19의 위협을 과소평가했다. 바이러스 유행이 경제에 미칠 악영향을 우려해서다. 그러나 이 같은 그의 발언은 결국 심각한 방역 실패와 수많은 희생자를 낳았다. 트럼프 행정부는 검사 키트, 마스크, 인공호흡기 등의 공급 문제로 혼란을 겪었으며, 그 책임을 중국과 세계보건기구 등에 돌리려 했다. 코로나19 정국의 혼란스러운 리더십은 결국 재선 실패로 이어졌다.

이후 대선 결과를 인정하지 않은 그의 행동도 정치적 논란을 불러일으켰다. 트럼프가 바이든의 승리를 부정했다. 그 결과 2021년 1월 6일, 그의 지지자들이 미국 국회를 폭력적으로 공격하는 사태가 벌어진 것이다. 이로 인해 그는 다시 탄핵되었지만, 상원에서 또다시 무죄 판결을 받았다. 그의 지지자들은 그를 당파적 마녀사냥의 피해자라고 믿었고, 이는 그의 지지율을 더욱 공고히 하는 결과를 낳았다.

2024년 트럼프는 다시 한번 미국 대통령으로서의 자리에 올랐다. 그의 복귀는 많은 이들에게 충격과 놀라움을 안겨주었지만, 트럼프는 변함없는 지지층의 강력한 힘을 증명하며 대선을 승리로 이끌었다. 경제와 외교 전반을 아우르는 그의 독특한 접근 방식은 지지자들의 마음을 사로잡았다. 4년 만에 백악관에 복귀한 트럼프는 또 한 번 미국의 운명을 좌우할 지도자로서의 중대한 책임을 지게되었다. 이로써 그의 재임은 미국 역사에 또 다른 흥미진진한 장을 열게 될 것이다.

승리를 만든 열쇠

트럼프를 승리로 이끈
대선의 결정적 장면들

도널드 트럼프 당선인은 자신에게 찾아온 기회를 더욱더 유리하게 연출하고, 자신의 지지자들로 끌어들여야 하는 유권자들에게는 자신을 보다 효과적으로 드러내는 상황을 만들면서 재선에 성공했다는 평가를 받고 있다.

과거 몇몇 예능 프로그램들에 출연해 성공을 이끈 경험을 바탕으로 극적인 상황을 연출하고, 상대방에게 독설을 퍼붓고, 아군을 끌어들이며 승리를 거둘 수 있었던 것으로 분석된다.

트럼프를 승리로 이끈 가장 결정적인 총격 사건을 살펴보면 그러한 특징들을 더 생생하게 확인해 볼 수 있다.

긴박한 총격 상황에도 본능적으로 역사적 이미지 만들어

지난 7월 13일(이하 현지시간) 트럼프 당선인이 펜실베이니아주에서 유세를 벌이던 중 발생한 충격 사건은 그의 지지자들을 결집하고 영웅적 이미지를 부각하는 핵심적인 역할을 했다. 급박한 충격 사건 속에서도 트럼프 당선인은 주먹을 불끈 쥐며 "싸워라!(Fight!)"라는 말을 연달아 외쳤다. 트럼프 당선인은 물론 그의 지지자들도 선거유세 내내 이 말을 외치며 단합하는 모습을 보였다.

총격 사건 당시의 모습이 언론을 통해 생생하게 전달되면서 결과적으로 그 효과는 트럼프 당선인에게 유리하게 작용했다.

총격은 트럼프 당선인이 이날 오후 6시께 버틀러시의 야외 행사장인 버틀러 팜쇼(Farm Show) 유세에서 조 바이든 행정부의 불법 이민 문제를 비판하는 도중 발생했다.

트럼프 당선인이 "국경에서 무슨 일이 있었는지 한번 보라"고 말하는 순간 '따다다닥'하고 마치 팝콘을 튀기는 듯한 연발 총성이 들렸다.

총성과 거의 동시에 트럼프 당선인은 오른손으로 자신의 오른쪽 귀를 만진 뒤 반사적으로 단상 아래로 급히 몸을 숙였다. 몸을 숨긴 이후에도 총소리는 간헐적으로 계속됐다.

곧바로 전·현직 미국 대통령을 경호하는 백악관 비밀경호국(SS) 요원들이 트럼프 당선인이 있는 무대 위로 황급히 뛰어올라 그를 감쌌다.

그 직후 "엎드려, 엎드려", "총격이다" 하고 다급하게 외치는 목소리와 청중들의 비명이 들리며 유세장은 순간 아수라장으로 변했다.

그 뒤로 수십 초 동안 유세장 화면에는 빈 연탁과 그 아래에 엎드린 트럼프 대통령 및 경호 요원들, 주위에서 혼란스러워하는 청중들의 모습이 잡혔다. 일부는 비명을 질렀고, 일부는 몸을 숙였다. 일부 유권자들은 무슨 일이 벌어졌는지 상황 파악을 하지 못하며 어안이 벙벙한 표정을 지었다.

연단에 켜져 있는 마이크를 통해서는 경호 요원들이 "기다려, 기다려", "준비됐습니까", "움직여", "총격범이 쓰러졌다", "이동해도 되나" 등 소리치며 트럼프 당선자의 상태와 주변 상황을 살피는 긴박한 상황이 그대로 전달됐다.

총성이 들린 지 약 1분이 지난 시점에 트럼프 당선자는 경호 요원들의 부축을 받은 채 일어섰다. 요원들이 "안전하다. 움직여", "조심해"라고 외치는 가운데 긴장한 듯한 표정의 트럼프 당선자는 몸을 추슬렀다. 그는 이동하기 전 "신발 좀 챙기자"라고 경호원들에게 여러 차례 이야기했다.

경호 요원들은 곧바로 신속히 현장을 벗어나야 한다고 재촉했지만, 트럼프 당선자는 다급하지만 또렷한 목소리로 기다리라고 지시했다.

오른쪽 귀와 얼굴에 피가 묻은 상태로 일어선 트럼프 당선인은 청중들을 향해 괜찮다는 듯이 주먹을 여러 차례 치켜들어 보이며 소리쳤다. 이때는 마이크가 꺼져있어서 정확히 그가 어떤 발언을 했는지는 들리지 않았지만, 청중들은 트럼프 당선자를 향해 환호성과 박수를 보냈다. 일부는 "유-에스-에이(U-S-A), 유-에스-에이"라고 연

트럼프가 7월 13일 총격사건 당시 대피하면서 주먹을 치켜들고 "싸우자"라고 외치는 모습

호하기 시작했다. 나중에 트럼프 당선자의 발언은 "싸워라, 싸워라, 싸워라"였던 것으로 알려져 큰 반향을 일으켰다.

경호 요원들에게 둘러싸인 채 부축을 받으며 연단을 내려오면서도 트럼프 당선인은 지지자들에게 자신이 괜찮다는 신호를 보내며 손을 흔들거나 고개를 끄덕였다. 이에 그치지 않고 피를 흘리는 얼굴 위로 주먹을 들어 보이면서 저항하는 모습을 연출했다.

특히 이때 성조기를 배경으로 트럼프 당선인이 퇴장하며 주먹을 쥐어 보이는 장면이 찍힌 한 사진은 전 세계에서 큰 주목을 받았다.

무대 계단에 다다랐을 때, 트럼프 당선인은 다시 한번 멈춰서서 같은 모습을 연출했다. 이때 관중들은 더욱 크게 함성을 질렀다.

트럼프 당선인은 경호 차량에 탑승하던 순간에도 지지자들을 향해 돌아서서 주먹을 한 차례 더 들어 올렸다. 이후 트럼프 당선자는 차를 타고 유세장을 빠져나갔다.

미 일간《뉴욕타임스(NYT)》는 이 장면을 두고 "트럼프의 지지자들과의 본능적 연결, 현대 미디어 시대에 대한 숙달을 이보다 완벽하게 보여주는 순간을 상상하기 어렵다"고 보도했다.《뉴욕타임스》는 "역사에 잊히지 않을 이미지를 만들었다"라며 이를 '본능'이라고 평가했다.

트럼프의 주변 사람들도 총격 사건을 극적으로 연출하는 데 노력을 아끼지 않았다.

공화당 기부자이자 트럼프 당선인의 오랜 친구인 빌 화이트는 미 정치전문매체《폴리티코》에 "트럼프는 무대에서 내려올 때 '싸워라, 싸워라, 싸워라'라고 말했다"라며 "다른 많은 말을 할 수도 있었지만, 싸우라고 말한 것은 도널드 트럼프에게 투표하고 조 바이든을 보내라는 의미"라고 말했다.

팀 버쳇 공화당 하원의원도 "이번 사건은 지지층에 활력을 불어넣을 것"이라며 "트럼프 전 대통령이 공중에 주먹을 들고 '싸워라. 싸워라. 싸워라'라고 외쳤는데 이것이 우리의 슬로건이 될 것"이라고 예상했다. 그리고 그 예상은 적중했다.

트럼프 당선인의 강력한 지지자인 일론 머스크 테슬라 최고경영자(CEO)는 이날 충격 사건 발생 후 자신의 소셜미디어 엑스(X, 옛 트위터) 계정에 "나는 트럼프 대통령(President Trump)을 전적으로 지지한다"며 "그의 빠른 회복을 희망한다"고 적었다.

또 총격 이후 트럼프 당선인이 경호원에 둘러싸인 가운데에서도 지지자들을 향해 주먹을 불끈 쥐는 사진을 올린 후 "미국에 이처럼 강인한(tough) 후보가 있었던 것은 시어도어 루스벨트가 마지막이었다"며 그를 루스벨트 전 대통령에 비교하기도 했다.

미국 제26대 대통령인 루스벨트(1858-1919년)는 1912년 대선 유세장에서 가슴에 총을 맞았다. 방탄복을 입긴 했지만, 그는 병원 치료도 거부한 채 유권자와 약속한 연설을 해야 한다며 90분간 연설하고 내려온 것으로 유명하다.

총격 사건이 있은 지 닷새만인 18일 트럼프 당선인은 총격 당시의 영웅적인 이미지를 전당대회까지 가져와 생애 3번째 대선 후보 지명을 수락하는 연설을 했다.

트럼프 당선인은 전당대회 최종일인 이날 밤 위스콘신주 밀워키 파이서브포럼(전당대회장)을 가득 메운 지지자들 앞에서 총격으로 다친 오른쪽 귀에 거즈 붕대를 붙인 채 등장했다.

이날 많은 지지자도 귀에 거즈 붕대를 하고 행사장을 찾았다. 이날 행사장에는 오른쪽 귀에 거즈를 붙인 대의원을 비롯한 공화당원들이 여러 명 목격됐다. '가짜 거즈'를 귀에 붙인 한 애리조나주 대의원은 "이 귀 붕대는 그에 대한 우리의 사랑, 보살핌, 걱정의 표시"라고 말했다.

트럼프 당선인의 충격 사건은 비록 그 효과가 조 바이든 대통령의 후보 사퇴와 카멀라 해리스 부통령의 전면 등장으로 이어지면서 다소 빛이 바랬지만, 그래도 선거 기간 내내 사용된 "싸우자"라는 구호를 만들어내며 가장 강력한 장면으로 자리 잡았다.

MAGA 모자 쓰고 폴짝, 트럼프 응원단장 된 머스크

머스크 CEO가 최초로 트럼프 당선인의 유세에서 찬조연설에 나서면서 더 큰 화제가 된 지난 10월 5일 펜실베이니아주 버틀러 선거 유세의 연출도 여러모로 도드라졌다.

트럼프 당선인은 총격당한 현장인 버틀러 팜쇼를 대선을 불과 한 달여 앞두고 12주 만에 다시 찾아 영웅의 이미지를 재부각시키며 대선 최대 경합주인 펜실베이니아주에서 지지자 결집에 나섰다.

트럼프 당선인은 무대로 걸어 나오는 순간부터 자신을 영웅으로 묘사했다. 유세 현장 전광판에는 1776년 당시 미국 독립군 지휘관이었던 조지 워싱턴 전 대통령이 델라웨어강을 건너는 역사적인 군사 작전을 펼치는 장면이 동영상으로 나왔다. 이어 나란히 트럼프 당선인이 총격 사건 당시 주먹을 치켜들고 "싸우자"라고 외치는 모습을 배치했다.

무대에 오른 트럼프 당선인은 12주 전 총격을 당할 당시의 모습을 그대로 재현했다. 이에 행사장을 가득 채운 지지자들을 "싸우자"를 연달아 외치며 열광적인 환호를 보냈다. 이후에도 트럼프 당선인은 "싸우자"는 구호를 여러 차례 반복하며 지지자들을 열광케 했다.

트럼프 당선인은 "바로 이곳에서 한 냉혈한 암살자가 나를 침묵시키고 우리나라 역사상 가장 위대한 운동인 마가(MAGA, 트럼프의 선거 구호인 미국을 다시 위대하게)를 침묵시키려 했다"라며 "그러나 그 악당은 신의 은총과 섭리로 목표를 달성하지 못했다"고 말했다.

유세 현장을 '성지'로 규정한 트럼프 당선인은 "후일 이 신성한 장소를 방문한 모든 사람들이 이곳에서 일어난 일을 영원히 기억할 것"이라고 말했다. 영국 일간 가디언은 트럼프 당선인의 '성지' 발언은 에이브러햄 링컨 전 대통령의 게티즈버그 연설에서 따온 것이라고 전했다.

머스크 CEO는 평소 공식 석상에서 점잖았던 모습과 다르게 이날 'MAGA'가 적힌 검은색 모자와 '화성을 점령하자(Occupy Mars)'는 문구가 적힌 티셔츠를 입고 펄쩍펄쩍 뛰며 등장했다.

연단에 오른 머스크는 두 팔을 위로 들어 올리고 배꼽이 보일 만큼 점프를 하며 지지자들의 열기를 달궜다. 유세 중에도 흥분한 모습으로 펄쩍 뛰어올랐다.

머스크 CEO는 "보다시피 나는 그냥 '마가'가 아니라 '다크 마가(dark MAGA)'다"라며 "싸우자"라는 구호를 여러 번 외쳤다.

그는 "트럼프가 미국 민주주의를 보존할 유일한 후보"라며 "이번 대선에서 트럼프가 진다면 이번 선거가 마지막 선거가 될 것"이라고 말했다.

지난 총격 사건을 언급하면서 그는 "한 사람의 진정한 성격을 알기 위해서는 그 사람이 위험에 처했을 때 어떻게 행동하는지를 보면

된다"며 "트럼프는 용감한 사람"이라고 치켜세웠다.

머스크 CEO는 트럼프 당선인을 위해 막대한 자금을 지원해 주고 있다. 연방선거관리위원회 자료에 따르면 머스크 CEO는 지난 3분기(7-9월)에만 총 약 7,500만 달러(약 1,021억 원)를 트럼프 당선인을 지원하기 위해 설립된 슈퍼팩(super PAC, 특별정치활동위원회)인 '아메리카팩'에 기부했다고 로이터통신은 최근 보도했다. 이 슈퍼팩은 머스크가 만든 것으로, 그가 이 기간 유일한 기부자였다. 머스크는 이 같은 기부로 공화당의 대표적 '큰손'이 됐다.

머스크 CEO는 2022년까지만 해도 트럼프 당선인과 사이가 좋지 않았지만, 이번 대선부터 트럼프의 재집권을 위해 나섰다. 트럼프 당선인도 재집권하면 머스크 CEO가 이끄는 '정부 효율성 위원회(Government Efficiency Commission)'를 만들겠다고 화답하는 등 우호적 관계를 유지해오고 있다. 위원회는 연방정부의 재정과 성과를 전반적으로 심사하고, 내내직인 개혁을 위한 권고안을 제시하는 것을 목표로 한다. 위원회는 지난달 트럼프와 머스크가 엑스에서 라이브로 인터뷰를 진행할 당시 머스크가 제안한 것이다.

지지자들 옆에 두고 불법 이민자와 관세 공약 쏟아내

총격 사건과 머스크의 찬조연설 외에도 트럼프 당선인이 직접 참여하지 않은 주요 장면으로 뽑힐 만한 것으로는 우선 지난 7월 1일 연방대법원이 트럼프 당선인의 1기 재임 기간 중 공적 행위를 폭넓게 면책한다는 판결을 한 장면을 들 수 있다. 이 판결은 트럼프 전 대통령이 2020년 대선 결과 뒤집기 시도 혐의로 기소되자 '대통령 재임 중 행위는 포괄적 면책 대상'이라고 주장하며 법원에 유권해석을 요청한 것에 대한 최종 판단이다. 앞서 1심과 2심에서는 그의 이런 주장을 기각했는데, 보수 우위 연방대법원이 이를 뒤집었다. 이에 따라 트럼프 당선인은 형사 사건 처벌을 사실상 피할 수 있게 됐다. 판결 후 트럼프 당선인은 소셜미디어에 "우리 헌법과 민주주의에 큰 승리, 미국인인 게 자랑스럽다"라고 올렸다.

무소속 대선 후보였던 로버트 F. 케네디 주니어가 지난 8월 23일 선거운동을 중단하고 트럼프 당선인을 지지한다고 선언한 것도 일정 부분 트럼프 당선인에게 유리하게 작용한 것으로 분석된다. 케네디 주니어의 지지율을 당시 여론조사에서 약 5% 정도로 추산됐지만, 대선 막바지 접전 상황에서 케네디 후보의 지지가 도움을 줬던 것으로 보인다. 민주당에서 탈당해 대선에 도전한 케네디 주니어는 민주당 지지자들의 표를 더 가져갈 것이란 전망이 나왔지만, 보수 성향의 공약 덕분에 트럼프 지지자들의 표도 일부 흡수한 것으로 알려졌다.

지난 9월 15일 발생한 두 번째 총격 사건도 트럼프 지지자들의 결집에 도움을 준 것으로 보인다. 첫 총격 이후 두 달 만에 트럼프 당선인이 소유한 플로리다주 트럼프 인터내셔널 골프클럽'에서 발생한 두 번째 총격에서 트럼프 당선인은 직접적인 위협에 처하지는 않았다. 사법 당국에 따르면 트럼프 당선인이 골프를 치던 중 경호국 요원이 골프장 밖에 있는 무장한 용의자를 발견해 사격했다. 도

주한 용의자는 고속도로에서 경찰에 체포됐다.

선거 막판에는 자신의 지지자들이 원할만한 공약들을 잇달아 내세우며 필요한 장면들을 연출해 효과를 거뒀다. 지난 10월 10일에는 미시간주 디트로이트 이코노믹 클럽 연설에서 "중국은 현재 멕시코에 거대한 자동차 공장을 짓고 있다"면서 "그들은 이 차량을 미국에 모두 판매하려고 생각하고 있으며, 이는 여러분의 미시간주를 완전히 파괴할 것"이라고 말했다. 이어 "이런 일은 일어나지 않게 될 것"이라면서 "내가 100%나 200%, 1,000% 등 필요한 관세를 얼마든지 부과할 것이기 때문"이라고 밝혔다.

선거 기간 내내 불법 이민자에 맞설 국경 폐쇄를 주요 공약으로 내세운 트럼프 당선인은 10월 13일 불법 이민자 문제가 가장 심각한 남부 국경 주(州) 가운데 한 곳인 애리조나에서 열린 유세에는 지지의 뜻을 밝힌 국경순찰대원 노조 관계자들을 좌우에 여러 명 세워놓고 연설하는 장면을 연출했다. 트럼프 당선인은 "집권 시 국경순찰대원 1만 명을 더 채용할 것"이라고 밝혔다. 또 국경순찰대원 급여 10% 인상, 국경순찰대원의 이직을 막기 위한 잔류 보너스와 입사 보너스 1만 달러(약 1,350만 원) 등도 공약했다.

10월 15일에는 일리노이주 '시카고 경제클럽'에서 멕시코와 유럽연합(EU) 등을 거론하며, 집권 시 수입차에 광범위한 관세를 부과하겠다고 밝혔다. 그는 메르세데스-벤츠를 포함한 유럽 자동차 제조사들을 비판하면서 수입차에 대한 고율 관세가 제조업체들을 미국으로 회귀시킬 유일한 방법이라고 주장했다. 그는 "그들에게 관세를 부과할 것"이라면서 "그러면 메르세데스-벤츠는 미국에서 생산을 시작할 것"이라고 말했다. 이어 "그들은 모든 것을 독일에서 만들고 미국에서 조립하고 있다"고 지적하기도 했다. 또 멕시코를 겨냥해 "100%, 200%, 2,000% 관세를 부과할 것"이라면서 "그들은 미국에 차를 한 대도 팔지 못할 것"이라고 말했다.

우크라이나를 비롯해 다른 나라의 국방을 위해 미국의 돈을 내는 것을 원하지 않는 지지자들을 의식한 트럼프 당선인은 같은 날 시카고 경제클럽에서 "한국은 머니 머신(Money Machine)"이라며 "내가 백악관에 있으면 한국은 주한미군 주둔 비용으로 연간 100억 달러(약 13조 원)를 지출할 것"이라고 밝혔다. 이는 트럼프 당선인이 재집권

트럼프가 10월 20일 맥도날드에서 감자튀김을 만드는 퍼포먼스를 하고 있는 모습

후 한국과 유럽 등에 방위비 분담금 재협상을 요구할 것임을 시사한 것으로 풀이된다.

지난 10월 20일에는 핵심 경합주인 펜실베이니아 필라델피아 북부의 한 맥도널드 매장을 찾아 앞치마를 하고 카운터 뒤에서 감자튀김을 만드는 퍼포먼스를 선보였다. 드라이브스루에서 직접 주문을 받으며 사람들을 향해 손을 흔들기도 했다.

트럼프 당선인은 미국 서민 문화의 상징인 맥도날드에서 경쟁자인 해리스 부통령이 과거 아르바이트를 했다는 경험에 맞서 친서민 이미지를 부각하기 위해 맥도날드 매장을 찾은 것으로 전문가들은 해석했다. 트럼프 당선인은 대학 때 맥도날드에서 아르바이트했다는 해리스 부통령의 발언에 대해 거짓말이라고 주장해 왔다.

트럼프의 파워엘리트

트럼프 정부의
경제·외교·안보 책사들

2기 도널드 트럼프 행정부에 누가 내각 직책을 맡을지에 대한 전망은 벌써부터 나오고 있다. 정치 전문매체 《더힐》과 《폴리티코》는 일찌감치 전망을 내놓은 바 있다.

트럼프 2기 행정부는 1기(2017년 1월-2021년 2월)와 5년의 기간을 두고 단절되어있다는 것이 특징이다. 그래서 1기 내각이 다시 중용되기보다는 새로운 사람이 선발될 가능성이 높고 충성도 위주로 선발될 것이라는 관측이다. 특히 인수위가 중요 역할을 할 것으로 예상된다.

인수위는 린다 맥마흔(Linda McMahon) 전 중소기업청(SBA) 청장, 사업가 하워드 루트닉(Howard Lutnick)이 이끌고 있다. 여기에 트럼프의 러닝메이트인 J.D. 밴스 상원의원(오하이오)과 아들인 도널드 트럼프 주니어, 민주당에서 트럼프 지지를 선언한 로버트 F. 케네디 주니어,

툴시 개버드(Tulsi Gabbard) 전 하원의원(하와이)이 모두 명예직으로 인수위에서 역할을 수행하고 있다.

린다 맥마흔은 트럼프 임기 중 중소기업청장을 역임했으며 남편 빈스 맥마흔과 함께 1980년 타이탄 스포츠를 설립했다. 타이탄 스포츠는 나중에 WWE(월드레슬링엔터테인먼트)가 된다. WWE를 운영하면서 남편과 함께 백만장자가 된 맥마흔은 이번 선거에서 트럼프의 고액 후원자이면서 동시에 2021년 설립된 트럼프의 싱크탱크인 미국우선정책연구소(AFPI)의 의장을 역임하고 있다.

하워드 루트닉도 트럼프의 고액 후원자 중 하나로 그는 투자은행 캔터 피츠제럴드의 회장 겸 CEO이기도 하다. 루트닉은 유대인으로 트럼프를 지원하는 대표적인 월가 금융인이다.

로버트 F. 케네디 주니어는 이름에서 알 수 있듯이 유명한 '케네디가'의 정치인이다. 존 F.케네디 대통령이 그의 큰아버지다. 큰아버지와 아버지인 로버트 F. 케네디 모두가 암살되는 불운을 겪었다. 그는 하버드 대학교를 졸업하고 변호사가 된 이후 평생을 환경운동에 투신했다. 그는 가족을 따라 민주당을 지지했으며 2024년 민주당 대선후보에도 출마했지만 결국 사퇴했고 이후 트럼프 지지를 선언했다. 로버트 F. 케네디 주니어가 민주당과 본격적으로 갈라지게 된 것은 코로나19 기간 대표적인 안티 백신주의자였기 때문이다.

털시 개버드(Tulsi Gabbard) 의원은 미국령 사모아에서 태어났으며 하와이주 정치인을 거쳐 2013년부터 2021년까지 하와이주 하원의원을 지냈다. 2022년 민주당을 탈당하고 어느 당에도 속하지 않고 있다가 2024년 8월 공식적으로 트럼프 지지를 밝혔고 10월에는 아예 공화당에 입당했다.

국무장관

트럼프 정부 2기의 외교정책을 담당할 국무장관으로는 상원의원들과 트럼프 1기 행정부의 유명 인사가 후보자로 거론되고 있다.

마르코 루비오 상원의원(플로리다)은 상원 외교위원회와 상원 정보위원회에서 공화당 최고위원으로 활동한 적이 있

톰 코튼 상원의원

다. 트럼프의 러닝메이트로 최종 후보에 오르기도 했다. 트럼프 지지층 중 일부는 그를 회의적으로 보고 있지만, 상원 동료 의원들의 인준을 쉽게 받을 수 있다는 강점이 있다.

톰 코튼 상원의원(아칸소)도 국무장관 후보로 고려되고 있다. 그는 국방장관과 국무장관 양쪽의 후보로 거론되고 있다. 2005년 장교후보생으로 입대해 이라크와 아프가니스탄에서 복무했다. 트럼프 1기 행정부에서부터 친 트럼프로 구분되어 왔다. 그는 2020년에 조지 플로이드 사망 사건 이후 시위를 진압하기 위해 군대를 배치해야 한다고 주장한 기고문을 작성해 비판을 받은 적이 있다.

빌 해거티(William Hagerty) 상원의원(테네시)도 트럼프 대통령의 첫 임기 동안 주일 대사를 역임한 적이 있는 잠재적인 후보다.

트럼프 1기 행정부 국가안보보좌관이었던 로버트 오브라이언은 상원 밖에서 국무부를 이끌 후보자 중 한 명으로 꼽히고 있다.

역시 육군에서 복무한 마이클 왈츠(Michael Waltz) 하원의원(플로리다), 1기 국무장관이자 CIA 국장이며 웨스트포인트를 졸업한 마이크 폼페이오(Mike Pompeo)도 다시 기용될 수도 있다.

트럼프는 또한 첫 임기 말에 국방장관 대행을 역임한 크리스토퍼 밀러(Christopher Miller)를 11월에 승리할 경우 가능한 후보로 언급한 적이 있다. 그는 2023년 12월 라디오 진행자 휴 휴이트와의 인터뷰에서 "우리는 마지막에 아주 잘한 밀러가 있었다"고 말했습니다. "나는 그가 정말 훌륭하다고 생각했습니다. 나는 그가 매우 훌륭하다고 생각했다."

국방장관

국방장관은 트럼프의 첫 임기 동안 가장 불안정한 내각 직책 중 하나였다. 짐 매티스 국방장관은 트럼프가 시리아에서 군대를 철수한다고 밝힌 후 사임했고, 그의 후임인 마크 에스퍼 국방장관은 2020년 대선 며칠 후 해임되었으며 이후 트럼프에 대해 비판적인 입장을 취하고 있다. 국무장관 후보인 코튼 상원의원, 왈츠 하원의원, 폼페이오가 모두 국방장관 후보다.

법무장관

트럼프 당선자는 이민을 단
속하고 강력한 행정권을 사용
하기 위해 강력한 법무장관을
찾을 가능성이 높다. 자신에
대한 범죄 수사를 중단시키고
정적에 대한 정치 수사를 실시
하려고 할 수 있기 때문이다.

에릭 슈미트 상원의원

의원들과 트럼프 측근들 사이에서 거론되는 인물 중 한 명은 미
주리주 법무장관을 역임한 에릭 슈미트(Eric Schmitt) 상원의원(미주리)
이다. 미주리 주 상원의원은 트럼프의 재임 기간 중 최우선 과제 중
하나가 될 행정부 단속을 강력하게 지지하는 인물로 꼽힌다.

트럼프는 또한 켄 팩스턴(Ken Paxton) 텍사스 법무장관을 연방 차원
에서 이 역할을 맡을 잠재적 후보로 칭찬한 적이 있다. 트럼프는 지
난 5월 "그 자리를 원하는 사람들이 많고, 그 자리를 매우 잘 수행할
것이다. 하지만 팩스턴은 매우 재능 있는 사람이다"라고 말했다.

팩스턴은 기부자에 대한 부적절한 청탁, 연방 수사 방해, 내부고
발자에 대한 보복 등의 혐의로 2023년 텍사스 주 하원에서 탄핵을
당했지만 그는 주 상원에서는 무죄 판결을 받았다.

《폴리티코》는 제프리 클라크(Jeffrey Clark) 전 법무부 차관, 마이크
리(Michael Lee) 상원의원(유타주), 존 래트클리프(John Ratcliffe) 전 국가 정
보국 국장을 잠재적 후보자로 꼽았다.

에너지 장관

트럼프는 11월 선거에서 승리할 경우 노스다코타주 주지사인 더그 버검(Doug Burgum)이 에너지장관을 맡을 가능성이 높다고 말한 적이 있다. 그는 가장 유력한 후보자다.

트럼프 당선자는 이전에 집회 군중에게 버검 주지사가 "내가 아는 누구보다 에너지에 대해 더 많이 알고 있

더그 버검 노스다코타주 주지사

을 것"이라고 말한 바 있다. 트럼프가 버검에게 전화를 걸어 주지사를 러닝메이트로 선택하지 않겠다고 통보했을 때, 그를 "장관님(Mr. Secretary)"이라고 부른 적이 있다.

트럼프는 재선되면 바이든 행정부의 환경 규제를 철회하고 석유 시추를 확대하는 것이 최우선 순위가 될 것임을 분명히 했다. 누가 장관이 되든 친환경에서 친 석유로 전환이 이뤄질 것으로 보인다. 1기 에너지부 차관이었던 마크 메네제스(Mark Menezes), 폴 다바(Paul Dabbar) 에너지부 과학담당 차관도 후보자다.

재무장관

트럼프 2기 행정부 재무장관은 월가에서 가장 관심을 두는 자리

존 폴슨 해지펀드 매니저   하워드 루트닉 인수위원회 위원장

다. 트럼프는 헤지펀드 매니저인 존 폴슨(John Paulson)을 재무부 수장 후보로 거론한 적이 있다. 트럼프가 공격적으로 관세를 높이고 중국, 캐나다, 멕시코와의 협상하는 데 역할을 한 로버트 라이트하이저(Robert Lighthizer) 전 미국 무역대표부 대표도 잠재적 후보로 언급되고 있다. 미국의 월간지《포린폴리시(FP)》는 라이트하이저가 장관이 될 경우 미국의 경제정책에 큰 변화가 올 것으로 예상했다.《월스트리트 저널》은 헤지펀드 매니저 스콧 베센트(Scott Bessent)도 재무장관 후보군에 포함될 수 있다고 보도한 적이 있다. 트럼프 1기 내내 재무장관을 역임한 스티븐 므누신(Steven Mnuchin)도 가능성이 있다. 그는 2024년 대선에서 트럼프를 적극적으로 돕지는 않고 있지만, 트럼프와 관계를 유지하고 있다. 이외에도 인수위의 하워드 루트닉, 월가

변호사인 제이 클레이튼(Jay Clayton), 금융인이면서 경제방송에 많이 출연한 래리 쿠드로(Larry Kudlow), 빌 해거티(William Hagerty) 상원의원(테네시)도 후보자로 꼽힌다.

상무장관

트럼프의 상무장관 후보로는 라이트하이저와 맥마흔 인수위원이 첫 번째 후보로 언급되고 있다. 상무장관은 중국 등에 강력한 관세를 부과하는 중요한 역할을 맡을 것이기 때문에 주목을 받고 있다.

한 전직 트럼프 관계자에 따르면, 재기디 싱원의원, 글렌 영킨(Glenn Youngkin) 버지니아

린다 맥마흔 전 중소기업청장

주지사, 트럼프 행정부에서 경제 성장, 에너지, 환경 담당 국무부 차관을 지낸 사업가 키스 크라크(Keith Krach)도 하마평에 오르고 있다.

백악관 비서실장

트럼프에게 가장 중요한 자리일 수도 있는 백악관 비서실장은 누가 유력할까? 1기 비서실장이었던 존 켈리(John Kelly)가 공개적으로 트럼프 저격에 나섰던 만큼 충성도가 중요한 기준이 될 것으로

보인다.

트럼프 1기 행정부에서 백악관 비서를 지낸 브룩 롤린스(Brook L. Rollins), 하원의장을 지낸 케빈 매카시(Kevin McCarthy) 전 의원이 후보자로 꼽힌다. 수지 와일즈 트럼프 재선 캠페인 공동 선대위원장도 강력한 다크호스다. 와일스는 1980년 로널드 레이건 대선 캠프 때 일정 관리자로 경력을 시작한 이후 40년 이상 공화당 선거에서 역할을 해온 '선거 베테랑'이다. 트럼프 캠프에서 대선 캠페인 메시지와 예산, 유세, 조직 등을 총괄하면서 트럼프의 신뢰가 두터운 것으로 알려져 있다. 다만 와일즈가 행정부나 의회의 고위직 경험이 없다는 것이 단점이다. 트럼프 싱크탱크인 미국우선정책연구소의 브룩 롤린스 소장도 잠재적인 후보자다.

막강 권력 갖게 될 머스크

트럼프 2기 내각에 들어갈 가능성은 없지만, 장관 이상의 강력한 힘을 가질 것으로 예상되는 인물이 하나 있다. 바로 일론 머스크 테슬라 CEO다. 이번 선거에서 트럼프에게 막대한 자금을 지원하고 선거유세에도 참여하는 등 머스크는 트럼프 당선의 일등 공신이라고 해도 과언이 아니다.

트럼프는 일론 머스크를 '정부

일론 머스크 테슬라 CEO

효율성 위원장(Government Efficiency Commission)'으로 임명하겠다고 밝힌 바 있다. 일론 머스크도 이런 제안을 공개적으로 받아들였다. 다만 이 조직이 위원회가 될지 아니면 부 형태의 이른바 DOGE(Department of Government Efficiency)가 될지는 알 수 없다.

효율성 위원회는 이름 그대로 정부의 효율성을 위해 연방정부의 비용을 줄이고 공무원 수를 감축하는 것이 주 임무가 될 것으로 보인다. 트럼프 당선자와 일론 머스크 CEO 모두 연방정부 조직에 대해서 불만이 크기 때문에 엄청난 변화가 이뤄질 가능성이 크다.

미국 연방정부의 막대한 부채는 미국 경제의 큰 약점이다. 미국 재무부는 2024 회계연도 연방 예산 적자를 1조 8,000억 달러로 예상하고 있고 의회 예산국에 따르면 2034년에는 적자 규모가 2조 8,000억 달러로 늘어날 것으로 예상하고 있다.

민주당의 반대론자들은 바이든 행정부에서 연방정부 적자가 지나치게 늘어났다고 비판해왔다. 이에 대해서 일론 머스크가 메스를 들이댈 것으로 보인다. 다만 트럼프 행정부가 대선 기간에 내놓은 정책도 대규모 적자를 가져올 것으로 예상되기 때문에 재정적자 감축이 이뤄질지는 미지수다.

다만 일론 머스크가 트위터를 인수하면서 직원 수를 80% 감축했던 적이 있던 만큼 연방정부 공무원 수에 대한 대규모 조정이 있을 수도 있다.

정부 효율성 위원회는 각종 정부 규제도 철폐할 것으로 예상된다. 일론 머스크 본인이 기업인으로 각종 규제로 시달려왔던 만큼 자신의 사업과 관련된 규제를 대대적으로 풀려고 할 수 있다. 특히 자율주행 관련 규제, 우주로켓 관련 규제, 암호화폐 관련 규제가 가능성이 높다.

비벡 라마스와미 역할

비벡 라마스와미

트럼프가 참여하지 않았던 공화당 경선에서부터 트럼프를 지지하면서 강한 충성심을 보여온 비벡 라마스와미(Vivek Ramaswamy)의 역할도 주목된다. 그는 인도 이민자의 자녀로 태어난 이민 2세대다.

오하이오주 출신으로 하버드 대학교를 졸업하고 헤지펀드를 거쳐 바이오테크 기업에 대한 투자로 성공을 거뒀다. 로이반트 사이언스라는 바이오테크 기업을 직접 창업하기도 했다.

비벡 라마스와미는 공화당 경선에서 힌두교 인도계 이민자 후보라는 예외적인 후보임에도 불구하고 트럼프 친화적인 보수적인 태도를 보이면서 큰 관심을 얻었다. 특히, 미국의 건국 아버지들의 이념으로 돌아가자고 주장하며 젊은 남성 지지자들의 인기를 끌었다. 그는 다른 경선 후보와 달리 트럼프 대통령 사면을 공약으로 내걸기도 했다.

2024년 1월 경선 포기와 함께 트럼프를 지지 선언한 라마스와미는 이후 트럼프의 최측근 중 하나가 됐다. 그는 젊은 층과 인도계, 기

업인 등 트럼프의 외연을 넓히는 데 도움이 됐다. 도널드 트럼프의
캠페인 중에도 주연 연사로 참석했다.

그는 2026년 오하이오주 주지사 선거의 잠재적인 후보자로 꼽
힌다.

트럼프 2.0
또 다른 미국

초판 1쇄 2024년 11월 12일

지은이 매일경제 글로벌경제부
펴낸이 허연
편집장 유승현 **편집1팀장** 김민보

책임편집 김민보
마케팅 한동우 박소라 구민지
경영지원 김민화 김정희 오나리
디자인 김보현 한사랑

펴낸곳 매경출판㈜
등록 2003년 4월 24일(No. 2-3759)
주소 (04557) 서울시 중구 충무로 2(필동1가) 매일경제 별관 2층 매경출판㈜
홈페이지 www.mkpublish.com **스마트스토어** smartstore.naver.com/mkpublish
페이스북 @maekyungpublishing **인스타그램** @mkpublishing
전화 02)2000-2632(기획편집) 02)2000-2646(마케팅) 02)2000-2606(구입 문의)
팩스 02)2000-2609 **이메일** publish@mkpublish.co.kr
인쇄·제본 ㈜M-print 031)8071-0961
ISBN 979-11-6484-728-0(03340)